Eva Aufreiter/Bernadette Baumgartner/Birgit Hauer
Chistine Mahringer-Eder/Anna Obermayr

Eingelegte Köstlichkeiten

Stocker

Aufreiter/Baumgartner/Hauer
Mahringer-Eder/Obermayr

Eingelegte Köstlichkeiten

in Essig, Öl und Alkohol

Leopold Stocker Verlag
Graz – Stuttgart

Umschlaggestaltung:
DSR Werbeagentur Rypka GmbH, 8143 Dobl/Graz
Titelbild: Bilderwerk, Wien

Bildnachweis: Autorinnen; Bilderwerk, Wien

Bibliografische Information Der Deutschen Bibliothek
Die Deutsche Bibliothek verzeichnet diese Publikation in der Deutschen Nationalbibliografie; detaillierte bibliografische Daten sind im Internet unter http://dnb.ddb.de abrufbar.

Hinweis: Dieses Buch wurde auf chlorfrei gebleichtem Papier gedruckt. Die zum Schutz vor Verschmutzung verwendete Einschweißfolie ist aus Polyethylen chlor- und schwefelfrei hergestellt. Diese umweltfreundliche Folie verhält sich grundwasserneutral, ist voll recyclingfähig und verbrennt in Müllverbrennungsanlagen völlig ungiftig.

ISBN 978-3-7020-1196-3

Layout und Repro: DSR Werbeagentur Rypka GmbH, 8143 Dobl/Graz
Printed in Austria
Druck und Bindung: Druckerei Theiss GmbH, 9431 St. Stefan

Inhalt

Vorwort

Mit unserem Buch „Eingelegte Köstlichkeiten“ laden wir Sie ein, Eingelegtes in allen Variationen (wieder) neu zu entdecken! Dieses Buch soll Ihnen Anregungen geben, sich selbst und anderen Freude in Form von eingelegten Köstlichkeiten zu bereiten.

Wir haben für Sie heimisches Obst und Gemüse, aber auch Fische, Eier sowie einige schmackhafte und vitaminreiche Besonderheiten des Südens in Essig, Öl, Alkohol oder Salz verpackt. Viele unserer Produkte haben sich in unserem Freundeskreis bereits als begehrte Geschenke entpuppt, vielleicht auch deshalb, weil wir damit etwas Kostbares, nämlich Zeit und Zuwendung, mitschenken!

Uns hat das Kreieren und Ausprobieren der Rezepte mit oft ungewöhnlichen Zutaten und die mit Spannung erwartete erste Kostprobe sehr vergnügliche Stunden bereitet.

Es wäre schön, wenn Sie beim Umsetzen und Genießen unserer Rezepte genau soviel Spaß und Freude hätten wie wir! Dabei ist es uns ein großes Anliegen, Sie zu ermutigen, Ihrer Phantasie freien Lauf zu lassen und sich nicht nur an den Rezeptangaben zu orientieren. Sie werden staunen, welch originelle Köstlichkeiten so entstehen!

Sind Sie noch kein Profi in Sachen Einlegen? Auch für Sie bietet unser Buch den besten Einstieg – wir haben für Sie sehr detaillierte Zutatenlisten und Zubereitungshinweise erstellt, die Ihnen bei Ihren ersten Schritten Sicherheit geben werden!

Gutes Gelingen wünschen Ihnen die Autorinnen!

Gut zu wissen…

Einst war es notwendig, Lebensmittel über einen längeren Zeitraum haltbar zu machen, um so Vorräte für die Wintermonate zu schaffen. Wir haben bei der Auswahl unserer Rezepte nicht in erster Linie an die Vorratshaltung für die Alltagsküche gedacht, sondern den kulinarischen Genuss in den Vordergrund gestellt. Aus eigener Erfahrung wissen wir, dass ein kleiner, feiner Vorrat an originellen Köstlichkeiten eine große Hilfe bei unvorhergesehenen, aber auch geplanten lukullischen Bewirtungen für Gäste sein kann. Dieses Buch soll für Sie ein verläßlicher Partner werden, wenn es um eingelegte Spezialitäten aller Art geht! Besondere Tafelfreuden verspricht ein Buffet mit raffiniert ausgewählten Köstlichkeiten aus unserem Buch. Sie brauchen nur noch saftiges, würziges Brot oder Baguette dazugeben, für einen „guten Schluck" sorgen und die Spezialitäten in geselliger Runde mit Ihren Freunden genießen.

Wir haben die Rezepte nach der Art des Einlegens in fünf Kapitel gegliedert:

- Einlegen in Alkohol
- Einlegen in Essig
- Einlegen in Öl
- Einlegen in Salz
- Einlegen in Zucker

Der Schwerpunkt dieses Buches liegt, wie Sie seinem Titel entnehmen können, bei „Einlegen in Alkohol", „Einlegen in Essig" und „Einlegen in Öl". In den Kapiteln „Einlegen in Salz" und „Einlegen in Zucker" haben wir eine kleine, aber feine Auswahl an Rezepten getroffen.
Innerhalb dieser Kapitel finden Sie eine Unterteilung der Rezepte nach Obst, Gemüse, Fisch und Eiern.

Zu einzelnen Spezialitäten haben wir für Sie Tipps für die Verwendung bzw. Abwandlung der Zutaten zusammengestellt. In diesem Zusammenhang gleich eine Bitte an Sie: Vergessen Sie nicht, dass Geschmäcker unterschiedlich sind! So können Sie die Rezeptangaben, die natürlich in einem gewissen Rahmen notwendig sind, ganz nach Ihrem eigenen Geschmack abwandeln. Das gelingt besonders leicht bei den Einlegeflüssigkeiten (Essige, Öle, Alkoholika), aber auch bei Gewürzen und Zucker! Sie können sowohl die Mengen als auch die Zutaten selbst variieren.

Je nach Fassungsvermögen der verwendeten Gläser und Flaschen kann die notwendige Flüssigkeitsmenge von den Rezeptangaben abwei-

chen. Reste der Einlegeflüssigkeiten können Sie sehr gut für Salate, Kompotte usw. weiterverwenden!
Finden Sie in der Zutatenliste als Mengenangaben EL (= Esslöffel) und TL (= Teelöffel), so beachten Sie bitte, dass immer von einem gestrichenen Esslöffel bzw. Teelöffel auszugehen ist!
In den Zutatenlisten steht häufig der Begriff „Zucker" – damit ist immer Kristallzucker gemeint! Benötigen Sie andere Zuckerarten, so wird ausdrücklich darauf hingewiesen.
Die Mengenangaben für Kräuter beziehen sich immer auf frische Kräuter, es sei denn, es wird im Rezept extra auf eine andere Form hingewiesen.

Und jetzt geht's los…

Der erste (und gleichzeitig sehr bedeutende) Schritt für das Erreichen des gewünschten Ergebnisses ist, die Behälter vorzubereiten. In den Rezepten dieses Buches wird nicht mehr auf die Vorbereitung der Gläser und Flaschen eingegangen, es wird vorausgesetzt, dass diese sorgfältig durchgeführt wurde. Nur so ist ein tolles Ergebnis gewährleistet!

Wählen Sie Behälter, die folgende Ansprüche erfüllen:

1. praktisch
2. optisch ansprechend
3. hitzefest
4. säureunempfindlich
5. vollständig intakt
6. gut verschließbar
7. gut zu reinigen

Wir empfehlen, nur Gläser mit Schraub- bzw. Twist-off- oder Bügelverschluss zu verwenden!

Flaschen verschließen Sie am einfachsten mit einem passenden Korken. Achten Sie dabei darauf, dass Sie die Flasche nur bis 3,5 cm unter dem Rand füllen. Der Korken wird dann so tief in den Flaschenhals gedrückt, dass er möglichst nur 1/2 cm übersteht.

Schöne Gläser und Flaschen finden Sie in Spezialgeschäften, aber auch in Einrichtungs- und Lagerhäusern. Nutzen Sie jede Gelegenheit, „auf Vorrat" günstige Gläser und Flaschen zu erwerben. Sie haben sie dann stets zur Hand, wenn Sie rasch ein originelles „Mitbringsel" herstellen möchten oder ein Sonderangebot Sie zu einem größeren Einkauf verführt.

Die Gläser und Flaschen müssen vor der Verwendung gründlich mit heißem Wasser und Spülmittel gereinigt werden. Dazu verwenden Sie am besten eine Rundbürste! Vergessen Sie nicht, die Behälter ausreichend mit heißem Wasser nachzuspülen. Natürlich können Sie die Gläser auch im Geschirrspüler reinigen. Anschließend werden die Gläser und Flaschen sterilisiert. Stellen bzw. legen Sie die Behälter dazu in einen tiefen, breiten Topf (ev. auf ein Gitter). Füllen Sie Wasser in den Topf, und achten Sie darauf, dass die Gläser und Flaschen vollständig damit bedeckt sind und sich nicht gegenseitig berühren. Bringen Sie das Wasser zum Kochen, und lassen Sie es 10 Minuten sprudelnd kochen. Heben Sie die Behälter vorsichtig heraus, und stellen Sie sie mit der Öffnung nach unten auf ein sauberes Geschirrtuch. Lassen Sie die Behälter gut abtropfen. Auch Deckel, Gummiringe und Korken müssen für ein paar Mi-

„Sterilisieren" der Gläser und anschließendes Abtropfenlassen

nuten ausgekocht werden. Decken Sie die so behandelten Behälter bis zur Verwendung gut mit einem sauberen Geschirrtuch ab.

Achten Sie auf eine sorgfältige Auswahl der verwendeten Zutaten! Nur einwandfreies Obst, Gemüse, Fisch und Eier dürfen zu „Eingelegten Köstlichkeiten" verarbeitet werden. Prüfen Sie Aussehen, Frische, Geruch und Geschmack!

Obst und Gemüse sollten weder unreif noch überreif sein und auch keine Druck- und Faulstellen aufweisen. Auch wenn Sie diese Stellen wegschneiden, entspricht dieses Obst und Gemüse nicht den Anforderungen einer erfolgreichen Konservierung! Es wäre schade, wenn Sie Ihre Zeit und Ihr Engagement vergebens investiert hätten.

Lassen Sie sich vom Angebot der Märkte verführen!

Verwenden Sie nur absolut frischen Fisch und frische Eier. Ersteren erkennen Sie an klaren und gewölbten Augen, an intensiv roten Kiemen, reinem Geruch, straffer Haut und dem Fehlen von Druckstellen. Bei bereits zerteiltem Fisch müssen die Schnittflächen weiß, saftig und fest sein.

Bei Eiern machen Sie zur Überprüfung des Frischezustandes am besten die Schwimmprobe: Befüllen Sie eine große Glasschüssel mit reichlich kaltem Wasser, und legen Sie die Eier hinein. Ein frisches Ei bleibt horizontal am Boden liegen und richtet sich nicht auf. Ein zwei bis drei Wochen altes Ei steigt mit dem dicken Ende senkrecht nach oben. Ältere Eier schwimmen an der Wasseroberfläche.

Um sich an den selbstgemachten Köstlichkeiten lange erfreuen zu können, sollten Sie auch bei der Lagerung Sorgfalt walten lassen. Sauberkeit bei der Herstellung und Lagerung, die richtigen Lagerbedingungen und die ständige Kontrolle der Vorräte sind dafür die besten Voraussetzungen!

Durch die folgenden Tipps können Sie den Überblick behalten:

1. Beachten Sie die Lagerhinweise bei den einzelnen Rezepten!
2. Legen Sie größere Mengen bzw. viele verschiedene Köstlichkeiten ein, so notieren Sie am besten Bezeichnung, Menge und Datum!
3. Machen Sie regelmäßige Kontrollen, um den luftdichten Abschluss zu überprüfen.
4. Haben Sie ein Glas einmal geöffnet, so sollten Sie dieses im Kühlschrank aufbewahren und den Inhalt rasch verzehren. Eine Ausnahme stellen in diesem Zusammenhang die Essige und Öle dar. Aber auch hier empfiehlt es sich, nur solche Mengen zu produzieren, die in absehbarer Zeit verwendet werden können!
5. Entdecken Sie bei den regelmäßigen Kontrollen Schimmel oder Fäulnis, entsorgen Sie die Produkte!

Was bedeutet...?

Blanchieren

Als Vorbereitung für die Konservierung von Gemüse und z. T. auch von Obst hat das Blanchieren eine große Wichtigkeit. Mit dieser Methode kann man viele Enzyme, die bei Obst und Gemüse zum Verderb und zu Verfärbungen führen, inaktivieren und so die Haltbarkeit der Produkte verlängern.

Geben Sie das Gemüse bzw. das Obst in einen Drahtkorb, und tauchen Sie diesen in einen großen Topf mit kochendem Wasser. Achten Sie dabei darauf, dass das Wasser so rasch wie möglich wieder kocht! Ab diesem Zeitpunkt sollte das Gemüse bzw. das Obst für ca. 3 Minuten im kochenden Wasser verbleiben. Heben Sie den Korb heraus, und leeren Sie den Inhalt in eine Schüssel mit Eiswasser, bzw. schrecken Sie das Blanchiergut kurz unter fließendem kalten Wasser ab. Vor der Weiterverarbeitung gut abtropfen lassen.

Haben Sie keinen Drahtkorb zur Hand, können Sie das Gemüse bzw. das Obst auch direkt in das kochende Wasser geben und nach dem Blanchieren in ein Sieb abgießen.

Dämpfen

Garen von Lebensmitteln mit Wasserdampf. Sie benötigen dazu einen Topf mit Siebeinsatz, das Wasser soll nur bis zum Siebeinsatz reichen.

Filtern

Bei der Herstellung von Essigen und Ölen ist es unter Umständen notwendig, Gewürze und andere Rückstände abzufiltern. Am besten gelingt Ihnen das, indem Sie ein Mulltuch oder einen Kaffeefilter verwenden.

Blanchieren mit einem Drahtkorb (links)
Abkühlen im Eiswasser (rechts)

Mit dem Mulltuch legen Sie ein Sieb aus, der Kaffeefilter wird in einen Trichter eingelegt. Die Flüssigkeit nach und nach eingießen. Bei manchen Rezepten werden Sie den Filter bzw. das Mulltuch wechseln müssen.

Fixieren von Einlegegut

Beim Einlegen ist es wichtig, dass das Einlegegut mit der Aufgussflüssigkeit bedeckt ist. Bei Lebensmitteln, die immer wieder aufsteigen, empfiehlt es sich daher, diese zu fixieren. Dazu besorgen Sie sich Holzspateln aus der Apotheke. Schneiden Sie diese je nach Glasgröße zu, und geben Sie jeweils zwei Teile gekreuzt über das Einlegegut. Wenn Sie die Holzspateln zuvor kurz in kochendes Wasser legen, sind sie biegsamer.

Fixieren von Einlegegut mit Holzspateln

Gewürzsäckchen

Um nach dem Kochen der Flüssigkeit die geschmacksgebenden Gewürze und Kräuter leicht entfernen zu können, werden diese in ein Säckchen eingebunden oder in ein „Tee-Ei" gefüllt. Als Säckchen können Sie entweder einen fertigen Teefilter verwenden oder ein Mullsäckchen selbst herstellen. Dazu die im Rezept angegebenen Gewürze und/oder Kräuter in die Mitte eines ca. 15 x 15 cm großen Mulltuches geben, die Ecken zusammenfassen und mit Küchengarn gut zubinden.

Glasig dünsten

Das Gargut so lange dünsten, bis es „durchsichtig" erscheint, aber noch nicht ganz weich ist.

Gewürzsäckchen oder Gewürze im Tee-Ei erleichtern das Hantieren mit Gewürzen, die nur mitgekocht werden

Julienne

Gemüse in 1–2 mm dicke und 3–4 cm lange Streifen geschnitten

Köcheln

Das Gargut in leicht wallender Flüssigkeit garen.

Reduzieren

ist das intensive Kochen einer Flüssigkeit über einen längeren Zeitraum, um diese zu verringern. Dadurch wird der Geschmack konzentrierter.

Salzwasser

stellen Sie her, indem Sie 1 TL Salz in 1 l Wasser geben und dieses aufkochen lassen. Das Wasser sollte leicht salzig schmecken!

Sirup

ist eine zähflüssig konzentrierte Lösung von Zucker in Wasser, Fruchtsäften oder Pflanzenauszügen. Man gewinnt den Sirup durch langsames, langes Kochen von stark zuckerhaltigen Lösungen.

Zesten

sind feine Streifen von Schalen unbehandelter Orangen, Zitronen und Limetten. Sie können sie entweder mit einem Zestenschäler oder einem kleinen, spitzen Messer herstellen.

Zesten lassen sich besonders leicht mit dem Zestenschäler herstellen

Unser Einlege-ABC

Armagnac
ist ein französischer Qualitätsbranntwein. Er wird aus Weindestillaten des Anbaugebiets Armagnac hergestellt.

Auberginen
werden auch Eierfrüchte oder Melanzani genannt. Die kürbisähnlichen Früchte sind violett oder grünlich gefärbt. Sie enthalten einen natürlichen Giftstoff, der durch Erhitzen zerstört wird.

Bourbon
Bei Bourbon handelt es sich um einen amerikanischen Whisky.

Calvados
bezeichnet einen feinen französischen Apfelbranntwein. Er kommt vorwiegend aus der Normandie.

Clementinen
sind kernlose Mandarinen. Sie werden vorwiegend in Ägypten, Algerien, Marokko, Spanien und Italien kultiviert.

Dilldolde
ist der schirmähnliche Blütenstand des Dillkrautes.

Estragon
Seine länglichen Blätter schmecken leicht scharf und aromatisch, pfeffrig und ein wenig bitter.

Fisolen
ist die österreichische Bezeichnung für Grüne Bohnen.

Gin
ist ein Destillat aus Gerste und Korn (Roggen) unter Verwendung von Wacholderbeeren und Gewürzen.

Grappa
ist die italienische Bezeichnung für einen Tresterbranntwein.

Hering, grüner
ist der frisch gefangene, unbehandelte Hering.

Ingwer
Sein Geschmack ist kräftig-würzig und stark aromatisch.

Jakobsmuscheln
Das feste Fleisch ist wohlschmeckend, nussig, leicht süßlich, mit einem runden Geschmack.

Karfiol
ist die österreichische Bezeichnung für Blumenkohl.

Kardamom
hat einen angenehm würzigen Geschmack und harmoniert ausgezeichnet mit exotischen Gewürzen wie z. B. Zimt, Nelken oder Muskatnuss.

Kirschwasser (Kirschbrand)
ist ein Destillat, das aus vergorener Kirschmaische gewonnen wird.

Kren
ist die in Süddeutschland und Österreich übliche Bezeichnung für Meerrettich.

Kreuzkümmel
hat einen kümmelähnlichen, reizvollen Geschmack.

Kurkuma
wird auch als Gelbwurz bezeichnet und gehört zur Gruppe der Ingwergewächse.

Limette
hat eine dünne, leicht reißende, gelbgrüne oder gelbe Schale. Die kugeligen oder ovalen Früchte haben ein sehr saures, saftiges, gelbes bis gelbgrünes Fruchtfleisch.

Macisblüte (Muskatblüte)
ist die getrocknete Samenschale der Muskatnuss. Macisblüten sind im Geschmack feiner als die süßlich-aromatische Muskatnuss.

Madeira
ist ein Dessertwein von der portugiesischen Insel Madeira. Er wird aus Weißweinen, die mit Traubendestillat gespritet werden, gewonnen. Gespritet werden Weine, um den Alkoholgehalt zu erhöhen und den Wein durch die Unterdrückung der Gärung süß zu halten.

Marille
ist die in Süddeutschland und Österreich übliche Bezeichnung für Aprikose.

Most
ist vergorener Apfel- oder Birnensaft.

Nelken (Gewürznelken)
harmonieren besonders mit Zimt und Kardamom. Bei salzigen Gerichten sollte zusätzlich mit Pfeffer, Lorbeer oder Zwiebel gewürzt werden.

Oregano
wird auch Wilder Majoran genannt und hat einen feinen, majoranähnlichen Duft.

Papayas
haben die Form länglicher Melonen. Das Fruchtfleisch schmeckt melonenartig und ist orangefarbig.

Pekannüsse
schmecken süßer und sind fettreicher und um einiges aromatischer als Walnüsse.

Piment (Neugewürz)
schmeckt wie eine Mischung aus Zimt, Nelken, Muskat und Pfeffer.

Piri-Piri
sind kleine, feuerrote Chili-Schoten, die sehr scharf schmecken. Man kann Piri-Piri frisch verwenden oder getrocknet und in kleine Stücke geschnitten oder gemahlen.

Porree
ist die österreichische Bezeichnung für Lauch.

Quitten
sind apfel- bis birnenförmige Früchte des Quittenbaumes. Der Geschmack ist herb-säuerlich, manchmal auch etwas bitter. Das Fruchtfleisch ist hart und roh nicht genießbar.

Ribisel
ist die österreichische Bezeichnung für Johannisbeeren.

Rote Rüben
ist die österreichische Bezeichnung für Rote Beete.

Schlagobers
ist die österreichische Bezeichnung für süße Sahne.

Sternanis
duftet wie Anis, der Geschmack ist jedoch voller, feuriger und schwerer.

Thymian
riecht stark würzig und verträgt sich gut mit Lorbeer, Muskat, Rosmarin und Salbei. Er enthält auch antimikrobielle Wirkstoffe.

Umurken
Mundartbezeichnung für Gurken in einigen Regionen Österreichs.

Veltliner
ist eine Hauptweinsorte in Österreich mit Zentren im Weinviertel, Kamptal, Kremstal, Donauland und in der Wachau.

Weichseln
sind eine Sauerkirschenart.

Xeres-Wein
ist ein spanischer Dessertwein aus der Sherry-Familie.

Ysop
hat einen leicht bitteren Geschmack und muss daher vorsichtig dosiert werden. Verwendung findet er für Salate, Suppen und Soßen.

Zitronenmelisse
hat einen zitronenartigen Geruch und einen angenehm würzigen Geschmack.

Die wichtigsten Mengenangaben

EL	Esslöffel
TL	Teelöffel

2 cl	20 ml
= 1 kleines Stamperl (Gläschen)	
4 cl	40 ml
= 1 großes Stamperl	

62,5 ml	1/16 l
125 ml	1/8 l
250 ml	1/4 l
500 ml	1/2 l
750 ml	3/4 l
1000 ml	1 l

100 g	1/10 kg
125 g	1/8 kg
250 g	1/4 kg
500 g	1/2 kg
750 g	3/4 kg
1000 g	1 kg

Einlegen in Alkohol

Früchte in Alkohol

Ananas in weißem Rum

700 ml weißer Rum
2 große, reife Ananas
1–2 Zimtstangen
2–3 EL Honig

Die Ananas schälen und alle harten, holzigen Teile entfernen, anschließend je nach Größe vierteln oder achteln – dabei den harten Strunk im Inneren großzügig ausschneiden. Danach die Viertel oder Achtel in mundgerechte Stücke schneiden, mit dem Honig vermischen und in die Gläser geben. Die Zimtstangen zwischen die Ananasstückchen schieben und mit dem Rum aufgießen. Der Rum muss fingerdick über den Ananasstückchen stehen. Gut verschließen und an einem kühlen Ort ca. 4 Wochen durchziehen lassen.

Apfel-Trauben-Geheimnis

375 ml Apfelbrand
0,25 l Apfelsaft
125 ml Apfelessig
500 g säuerliche Äpfel
300 g blaue Weintrauben
180 g Zucker
Saft von 1 Zitrone
1 Vanilleschote
2 cm frische Ingwerwurzel

Die Äpfel schälen, vierteln und das Kerngehäuse entfernen. Danach die Apfelviertel noch einmal der Länge und der Breite nach durchschneiden und sofort in eine Schüssel mit Zitronenwasser legen, um zu verhindern, dass sie braun werden. Die Weintrauben waschen, gut abtropfen lassen und von den Stielen zupfen. Die Vanilleschote aufschlitzen und mehrmals durchschneiden. Die Ingwerwurzel schälen und grob raspeln.

Die Früchte abwechselnd mit dem Ingwer und den Vanillestücken in die Gläser schichten. Den Apfelsaft mit dem Apfelessig, dem Apfelbrand und dem Zucker erhitzen, bis sich letzterer aufgelöst hat. Die Gläser mit dem heißen Sud auffüllen, gut verschließen und kühl lagern!

Ananans in weißem Rum (links)
Apfel-Trauben-Geheimnis (rechts)

Ananas in Kirschwasser

0,5 l Kirschwasser
1 reife Ananas
150–200 g grober Zucker
2 Zimtstangen
2 Streifen von 1 unbehandelten Orangenschale
3 Mandeln

Die Ananas schälen und alle harten, holzigen Teile sowie den Strunk entfernen. In Scheiben schneiden und mit den Zimtstangen, den Orangenschalen, dem Zucker und den Mandeln in das Glas geben.

Das Glas mit dem Kirschwasser auffüllen und gut verschließen. An einem kühlen und dunklen Ort 2–3 Monate lagern. Dabei in den ersten Wochen öfters schütteln, damit sich der Zucker auflösen kann!

» Unser spezieller Tipp

Besonders dekorativ sieht es aus, wenn Sie die Ananasscheiben am Glasrand so einschichten, dass das „Loch" zu sehen ist!

Weinäpfel

700 ml Weißwein
0,25 l Wasser
125 ml Apfelschnaps oder Obstler
ca. 1,2 kg kleine Äpfel (entspricht 8 Stück)
500 g Zucker
5 Gewürznelken
1 Zimtstange
2 EL Zitronensaft

In einem großen und breiten Topf das Wasser mit dem Zucker ca. 10 Minuten nicht zugedeckt sprudelnd kochen lassen.
Die Äpfel schälen, das Kerngehäuse ausstechen, anschließend 5 Minuten im Zuckersirup leicht kochen lassen. Es empfiehlt sich, immer nur so viele Äpfel vorzubereiten, wie in dem Topf Platz finden! Die Äpfel mit dem Siebschöpfer aus dem Zuckersirup heben und abtropfen lassen. In ein Glas schichten und die Gewürznelken sowie die Zimtstange dazu geben.

1/16 l Zuckersirup mit dem Wein, dem Schnaps und dem Zitronensaft vermischen und über die Äpfel gießen. Dabei darauf achten, dass alle Äpfel mit dem Sud bedeckt sind. Gut verschließen und kühl lagern! Ein baldiger Verzehr wird empfohlen!

Birnen in Wodka

ca. 1 l Wodka
3–4 reife Birnen
300–400 g grober Zucker
1 Vanilleschote

Die Birnen gut waschen, abtrocknen und mehrmals anstechen. Die Früchte in das Glas geben und den Zucker sowie die aufgeschlitzte Vanilleschote dazugeben. Mit dem Wodka bedecken. Gut verschließen und an einem kühlen, dunklen Ort 3–4 Monate ziehen lassen. Dabei in den ersten Wochen öfter schütteln, damit sich der Zucker auflösen kann!

» Unser spezieller Tipp

Mögen Sie es gerne süß, dann erhöhen Sie die Zuckermenge bis auf 500 g!

Birnen in Safransirup

Die Birnen gründlich waschen, schälen, vierteln und entkernen. Die Vanilleschote aufschlitzen, das Mark herauskratzen und die Schote für später beiseite legen. Den Wein, das Wasser und den Zucker aufkochen und so lange kochen lassen, bis sich der Zucker gelöst hat. Danach das Va-

0,25 l Weißwein
ca. 200 ml Wasser
4 feste Birnen
150 g Zucker
1 Vanilleschote
1 Säckchen Safran
1 EL Orangenwasser (Schale von 1 unbehandelten Orange in etwas Zuckerwasser kochen)

nillemark und den Safran zugeben und 15 Minuten schwach kochen lassen. Dann das Orangenwasser und die Birnenviertel zufügen und halbweich kochen. Die Obstviertel mit dem Siebschöpfer herausnehmen und in Gläser schichten. Den heißen Sirup darübergießen und die Vanilleschote einlegen. Gut verschließen und kühl lagern!

» Unser spezieller Tipp

Die Birnen in Safransirup lassen sich aufgrund ihrer tollen Farbe gut als dekoratives Dessert verwenden. Servieren Sie diese Delikatesse mit Eis oder Pudding. Verwenden Sie diese Früchte als originellen Kuchenbelag – nehmen Sie einen Obsttortenboden aus Biskuit, streichen Sie dünn Konfitüre auf, und belegen Sie den Kuchen mit in Scheiben geschnittenen, gut abgetropften Birnen! Wird der Kuchen nicht sofort verbraucht, sollten Sie die Birnen mit Tortengelee bestreichen.

375 ml Rotwein
125 ml Wasser
1 kg kleine Birnen
250 g Zucker
1 TL Wacholderbeeren
4 Pimentkörner
1 Stück Schale von 1 unbehandelten Orange
1 Zimtstange

Rotweinbirnen

Die Birnen waschen, schälen, das Kerngehäuse ausstechen und in Scheiben schneiden. Die Wacholderbeeren, die Pimentkörner, die Orangenschale und die Zimtstange mit dem Rotwein, dem Zucker und dem Wasser aufkochen. Die Birnenscheiben in diesem Sud nicht zu weich dünsten. Anschließend werden diese gut abtropfen gelassen und in vorbereitete Gläser geschichtet. Den Sud noch weitere 5 Minuten einkochen lassen und heiß über die Früchte gießen. Die Gläser gut verschließen. Ein baldiger Verzehr wird empfohlen!

Birnen in Safransirup (links)
Rotweinbirnen (rechts)

Erdbeeren in Madeira

Die Erdbeeren kurz waschen, abtropfen lassen, entstielen und in ein Glas füllen. Den Zucker und das Wasser kochen, bis sich ersterer aufgelöst hat. Auskühlen lassen, mit Madeira verrühren und über die Erdbeeren gießen – die Erdbeeren müssen vollständig bedeckt sein! Gut verschließen und einige Tage durchziehen lassen.

0,5 l Madeira
125 ml Wasser
500 g Erdbeeren
300 g Zucker

» Unser spezieller Tipp

Erdbeeren in Madeira eignen sich wunderbar zum Verfeinern von Eis, Pudding und anderen Süßspeisen!

Erdbeeren in Madeira ... (links)
... mit Eis ein besonderer Genuss (rechts)

Feigen in Bourbon-Whisky

Die Feigen halbieren und mit dem Kandiszucker in Gläser füllen. Die aufgeschlitzte Vanilleschote dazugeben und mit dem Bourbon auffüllen. Gut verschließen und an einem sonnigen Platz vor der Verwendung ca. 3 Monate ziehen lassen – gelegentlich schütteln!

ca. 375 ml Bourbon-Whisky
250 g getrocknete Feigen
50 g brauner Kandiszucker
1 Vanilleschote

Feigen in Bourbon-Whisky

Clementinen in Whisky

700 ml Whisky
4 EL Wasser
500 g kernlose Clementinen, ohne Schale gewogen
250 g Zucker

Die Clementinen schälen und sorgfältig die weiße Haut entfernen. Danach in Spalten teilen. Das Wasser und den Zucker erhitzen, bis dieser gelöst ist. Die Clementinenspalten kurz in die Zuckerlösung einlegen, vorsichtig wenden und erkalten lassen. In ein Glas füllen, mit dem Whisky aufgießen, gut verschließen und vor dem Verzehr mindestens 4 Wochen durchziehen lassen.

Kumquats in Weinbrand

700 ml Weinbrand
125 ml Wasser
1 kg Kumquats (Zwergorangen)
4 Saftorangen
350 g Zucker
Mark von 1 Vanilleschote
1/2 Zimtstange

Die Kumquats unter fließendem, warmem Wasser sehr gründlich waschen, abtrocknen und jede Zwergorange mit einem Zahnstocher mehrmals anstechen.

Die Saftorangen auspressen und den Saft abseihen. Die Vanilleschote der Länge nach aufschlitzen und das Mark herausschaben.

Den Orangensaft, das Vanillemark, die Zimtstange, den Zucker und das Wasser bei mittlerer Hitze ca. 5 Minuten sprudelnd kochen lassen. Die Zwergorangen portionsweise in den kochenden Saft geben und jeweils ca. 5 Minuten mitkochen. Danach herausnehmen und in Gläser schichten. Den Sud abseihen und bei starker Hitze auf die Hälfte reduzieren. Abkühlen lassen und in die Gläser gießen. Die Gläser mit Weinbrand auffüllen, gut verschließen und kühl und dunkel lagern. Vor dem Verzehr mindestens 1 Monat ziehen lassen.

» Unser spezieller Tipp

Bis vor wenigen Jahren kannte man die immergrünen Sträucher vor allem als Zierpflanzen. Erst langsam beginnt man, die Früchte als herb schmeckendes Obst zu schätzen. Die bei uns vor allem in den Wintermonaten er-

Kumquats in Weinbrand (links)
Clementinen in Whisky (rechts)

hältlichen Kumquats werden aus Israel, Marokko, Spanien, Südafrika und Südamerika importiert. Die Zwergorangen können mit der Schale verspeist werden. In unserer Zubereitung verwendet man sie für süße Cremespeisen, aber auch als Beilage zu Braten und Ragouts. Mit diesen Kumquats können Sie in der Weihnachtszeit Ihr Früchtebrot verfeinern. Kumquats verwendet man auch für Blattsalate, Marmelade, Chutney und Likör. Man kann sie auch kandieren. Füllen Sie Palatschinken mit den Kumquats in Weinbrand!

Grappatrauben

ca.700 ml Grappa
600 g blaue Weintrauben
600 g grüne Weintrauben
1,2 kg Zucker
50 g Rosinen

Die Weintrauben waschen und auf einem Stück Küchenrolle gut abtropfen lassen.

Die entstielten Weintrauben mit dem Zucker vorsichtig vermengen und zugedeckt über Nacht an einem kühlen Ort stehen lassen.

Die Rosinen waschen, gut trockenreiben und mit dem Trauben-Zucker-Gemisch vermengen. Anschließend in Gläser verteilen und mit dem Grappa auffüllen. Die Gläser sorgfältig verschließen und kühl und dunkel ca. 2–4 Monate lagern.

» Unser spezieller Tipp

Mit den Grappatrauben lassen sich viele süße Gerichte optisch „aufpeppen"!

Preiselbeeren in Rotwein

200 ml Rotwein
1 l Preiselbeeren
200 g Zucker
einige Orangenzesten

Die Preiselbeeren mit dem Rotwein, dem Zucker und den Orangenzesten ca. 10 Minuten kochen und anschließend in Gläser mit Schraubverschluss füllen.

Grappatrauben – Traubenvariationen: Weintrauben, Rosinen, Grappa

Preiselbeeren in Rotwein – eine ideale Beilage zu Wildgerichten

Marillen in weißem Rum

300–500 ml weißer Rum
250 g getrocknete Marillen
1/4 unbehandelte Zitrone
100 g weißer Kandiszucker

Die Marillen mit kochendem Wasser übergießen, bis sie vollständig bedeckt sind, und so ca. 1 Stunde ziehen lassen. Danach die Früchte herausnehmen und gut abtrocknen. Die Zitrone gründlich waschen und in dünne Scheiben schneiden. Die Marillen, die Zitronenscheiben und den Kandiszucker abwechselnd in Gläser füllen. Mit dem weißen Rum aufgießen, bis er knapp handbreit über den Früchten steht, danach die Gläser gut verschließen. Bis sich der Kandiszucker aufgelöst hat, sollten die Gläser an einem sonnigen, hellen Platz stehen – gelegentlich gut schütteln!

Honig-Pflaumen

1 kg Pflaumen
700 ml trockener Weißwein
1 Zimtstange
2 Nelken
2 Stück Sternanis
200 g Honig

Die Pflaumen waschen und mit einer Spicknadel oder einem Zahnstocher einige Male einstechen, damit sie nicht aufplatzen. Den Weißwein, die Gewürze und 3 EL Honig aufkochen. Die Pflaumen beigeben und 2–3 Minuten ziehen lassen. Die Früchte herausnehmen und in ein vorbereitetes Glas geben. Die verbleibende Flüssigkeit bis fast zur Hälfte einkochen lassen und vom Herd nehmen. Den restlichen Honig dazugeben, verrühren und lauwarm über die Pflaumen gießen. Mindestens 1 Tag im Kühlschrank ziehen lassen und innerhalb von 1 Woche aufbrauchen.

» Unser spezieller Tipp

Servieren Sie die Honig-Pflaumen zu süßen Aufläufen. Anstelle von Pflaumen können auch feste Ringlotten verwendet werden. Sind die Früchte größer, können sie nach dem Erhitzen halbiert und entkernt werden.

Marillen in weißem Rum (links)
Honig-Pflaumen (rechts)

Quitten mit Zimt

300 ml Weißwein
300 ml Wasser
1,5 kg Quitten
250–300 g Zucker
1 Zimtstange

Den weißen Flaum der Früchte mit einem Tuch abreiben, die Früchte dann gründlich waschen, schälen, halbieren und das Kerngehäuse herausschneiden.

In das kochende Wasser eine halbe Quitte, die Schalen und die Kerngehäuse geben. Alles ca. 45 Minuten kochen, herausnehmen, passieren und dem Kochwasser wieder beigeben.

Den Wein mit dem Zucker, der Zimtstange und dem Quittensud vermengen, die Quittenhälften dazugeben und so lange kochen, bis sie weich sind. Die Früchte mit dem Siebschöpfer herausnehmen, in Gläser schichten und mit dem Sud übergießen. Zum baldigen Verkosten geeignet!

Pfirsiche in Ingwergin

0,75 l Gin
1 kg Pfirsiche
375 g Zucker
1/2 TL Ingwerpulver

Die Pfirsiche mit kochendem Wasser überbrühen, kurz stehen lassen, kalt abschrecken, häuten, halbieren und entsteinen. Die Früchte in eine Schüssel legen und mit dem Zucker-Ingwer-Gemisch bestreuen. Zudecken und 24 Stunden an einem kühlen Ort ziehen lassen. Die Früchte danach in Gläser schichten und mit Gin auffüllen. Gut verschließen!

Pfirsiche in Weinbrand

300 ml Weinbrand
1 l Wasser
1,5 kg feste Pfirsiche
1,2 kg Zucker
100 g kandierte, halbierte Kirschen
1 Vanilleschote
1 Zimtstange
6 Gewürznelken
ev. 3 Kardamomkapseln

Die Pfirsiche blanchieren, häuten und entsteinen. Das Wasser mit 500 g Zucker aufkochen, bei Bedarf abschäumen und bei schwacher Hitze ca. 5 Minuten kochen.

Die Pfirsiche vorsichtig in das Zuckerwasser geben, zum Kochen bringen und 5 Minuten sanft köcheln lassen. Die Früchte mit einem Siebschöpfer herausnehmen und abkühlen lassen. Den restlichen Zucker mit 600 ml Sud und dem aus der Vanilleschote, der Zimtstange, den Kardamomkapseln und den Gewürznelken hergestellten Gewürzsäckchen aufkochen und 10 Minuten kochen lassen. Etwas abkühlen lassen und den Weinbrand unterrühren.

Mit einem Zahnstocher in jeder Pfirsichhälfte eine 1/2 kandierte Kirsche feststecken und die Früchte locker in ein Glas legen.

Das Gewürzsäckchen entfernen und den Sirup ins Glas gießen, so dass die Pfirsiche vollständig bedeckt sind. Das Glas vorsichtig schütteln, damit die Luftbläschen entweichen können. Gut verschließen und die Pfirsiche vor dem Verzehr ca. 2 Wochen ziehen lassen!

» Unser spezieller Tipp

Pfirsiche in Weinbrand schmecken auch ohne kandierte Kirschen und Kardamomkapseln ausgezeichnet!

Quitten in Calvados

350 ml Calvados
0,25 l Weißwein
ca. 125 ml Zitronensaft
1 kg Birnen- oder Apfelquitten
500 g grober Zucker
1 Zimtstange
1 cm frische Ingwerwurzel
3 Gewürznelken
1 Stück Sternanis

Den weißen Flaum der Früchte mit einem Tuch abreiben, die Früchte dann gründlich waschen und abtropfen lassen. Die Quitten dünn schälen und in dünne Spalten schneiden, große Kerne entfernen. Die geschnittenen Früchte mit dem Zitronensaft beträufeln und ca. 30 Minuten ziehen lassen.

Den Weißwein und den Zucker unter Rühren bei mittlerer Hitze aufkochen. Aus der in Stücke gebrochenen Zimtstange, der in Stücke geschnittenen Ingwerwurzel, dem Sternanis und den Nelken ein Gewürzsäckchen herstellen und mitkochen.

Die Quitten im leicht siedenden Weinsud ca. 20 Minuten ziehen lassen – gelegentlich vorsichtig umrühren. Das Gewürzsäckchen aus dem Sud nehmen, die Quitten mit einem Siebschöpfer herausnehmen und vorsichtig in Gläser füllen.

Den Sud zu einem dicken Sirup einkochen und über die Früchte verteilen. Die Gläser mit Calvados auffüllen und gut verschließen!

Weichseln in Kirschbrand

1 l Kirschbrand
0,75 l Wasser
2 kg Weichseln
700 g Zucker
Mark von 1 Vanilleschote
1 Zimtstange

Die Weichseln waschen, trockentupfen und mit den Gewürzen in ein vorbereitetes Glas geben. Das Wasser mit dem Zucker aufkochen, auskühlen lassen, mit dem Kirschbrand über die Weichseln gießen und das Glas verschließen. An einem sonnigen Ort ca. 1 Woche stehen lassen und anschließend kühl und dunkel lagern.

Quitten in Calvados (links)
Pfirsiche in Weinbrand (rechts)

Weichseln in Wodka

Die Weichseln waschen, trockenreiben und entstielen. Den zerstoßenen Kandiszucker abwechselnd mit den Weichseln in die Gläser geben. Einen dünnen Streifen Zitronenschale in kleine Stückchen schneiden und mit der zerkleinerten Zimtstange untermischen. Mit dem Wodka auffüllen, gut verschließen und vor der Verwendung mindestens 8 Wochen ziehen lassen.

1 l Wodka

1 kg Weichseln

250 g Kandiszucker, am besten weiß

1 Zimtstange

1 Streifen Zitronenschale von 1 unbehandelten Zitrone

Sherrykirschen

Die Kirschen entstielen, waschen und entkernen. Dabei sollten die Früchte möglichst unversehrt bleiben. Den Xeres-Wein, das Wasser, den Zucker, den Vanillin-Zucker, die Gewürznelken, die Pimentkörner und die Orangenschale aufkochen lassen und bei mittlerer Hitze ca. 5 Minuten köcheln lassen – dabei ab und zu umrühren! Den Sud abseihen und das Kirschwasser unterrühren. Eventuell mit Zucker nachwürzen! Die Kirschen in Gläser geben, mit dem heißen Sud auffüllen. Die Gläser nach dem Abkühlen gut verschließen und im Kühlschrank aufbewahren! Zum baldigen Verzehr geeignet!

200 ml Xeres-Wein (Sherry)

2–3 EL Kirschwasser

100 ml Wasser

400 g Kirschen, ohne Kern gewogen

100 g Zucker

2 Päckchen Vanillin-Zucker

2 Gewürznelken

2 Pimentkörner

1 Stück Schale von 1 unbehandelten Orange

Weichseln in Wodka (links) und Sherrykirschen (rechs)

Rumpflaumen

Rum nach Bedarf (38 % vol.)
0,5 l Wasser
500 g entkernte Dörrpflaumen
1 unbehandelte Zitrone
100 g Rosinen
500 g Zucker
2 TL Nelkenpulver
1 Vanilleschote
1 Zimtstange

Die Zitrone in Scheiben schneiden. Das Nelkenpulver, die Zimtstange, die aufgeschlitzte Vanilleschote, die Zitronenscheiben und den Zucker in das Wasser geben, aufkochen und unter Rühren zu Sirup einkochen. Die Dörrpflaumen und die Rosinen dazugeben und über Nacht kühl stellen. Die Mischung in Gläser füllen und mit so viel Rum aufgießen, dass die Früchte bedeckt sind. Gut verschließen. Vor dem Verzehr ca. 2 Wochen ziehen lassen!

» Unser spezieller Tipp

Diese Rumpflaumen sind nicht nur in der Weihnachtszeit ein Genuss, sondern das ganze Jahr über eine herrliche Süßigkeit! Überziehen Sie die Rumpflaumen mit fertiger Schoko-Fett-Glasur und verwöhnen Sie so Ihre „Naschkatzen".

Rumzwetschken

Ca. 0,25 l Rum (80 % vol.)
400 g Zwetschken
300 g Zucker

Die Zwetschken unter kaltem Wasser waschen und vorsichtig mit einem Tuch abtrocknen. Die Früchte anschließend abwechselnd mit dem Zucker in ein großes Glas einschichten. Das Glas mit Rum auffüllen.
Gut verschließen und kühl und dunkel lagern! Vor dem Verzehr mindestens 2 Monate ziehen lassen.

» Unser spezieller Tipp

Verwenden Sie nur einwandfreie Zwetschken, die Sie nicht entkernen! Nehmen Sie so viel Rum, dass die Zwetschken vollständig bedeckt sind. Sollten die Früchte nach dem Auffüllen des Glases mit Rum nach oben steigen, werden sie mit Holzspateln fixiert.

Rotweinpflaumen

0,25 l Rotwein
0,25 l Rotweinessig
1 kg Pflaumen
1 kg Zucker
1/2 Zimtstange
2 Gewürznelken
Lorbeerblatt
1 Prise geriebene Muskatnuss

Die Pflaumen nur trocken abreiben und gleichmäßig mit einer Nadel anstechen. Den Essig mit dem Zucker, der Zimtstange, den Gewürznelken, dem Lorbeerblatt und der Muskatnuss aufkochen. Danach die Pflaumen portionsweise ca. 10 Minuten in diesem Sud kochen lassen, herausheben und in Gläser schichten. Den Sud mit dem Rotwein nochmals aufkochen und ca. 20 Minuten sieden lassen. Anschließend heiß über die Pflaumen gießen, abkühlen lassen und gut verschließen. Vor der Verwendung mindestens 4 Monate ziehen lassen!

Rotweinzwetschken

Den Rotwein mit der Zimtrinde und dem Zucker erhitzen. Die vorbereiteten Zwetschken 1 Stunde darin ziehen lassen. Die Zimtrinde entfernen, nochmals erhitzen (nicht kochen), heiß in Gläser füllen und verschließen.

1 kg entkernte Zwetschken
0,75 l Rotwein
1 Zimtrinde
350 g Zucker

» Unser spezieller Tipp

Servieren Sie die Rotweinzwetschken zu Topfennockerln oder Kaiserschmarren.

Zitronen in Wodka

Die Zitronen waschen, in 6–7 mm dicke Scheiben schneiden und abwechselnd mit den gewaschenen Minzeblättern in Gläser schichten. Aus dem Zucker und dem Wasser einen Sirup kochen, abkühlen lassen und mit dem Wodka mischen. Die Zitronenscheiben mit diesem Sud übergießen und die Gläser verschließen. Nach 2 Wochen sind die Scheiben zum Genuss geeignet.

1 kg Zitronen
400 ml Wodka
300 g Zucker
300 ml Wasser
25 Pfefferminzblätter

» Unser spezieller Tipp

Servieren Sie dieses „Kompott" zu geräuchertem oder gebratenem Fisch.

Rotweinzwetschken (links)
Zitronen in Wodka (rechts)

Pflaumen mit kandiertem Ingwer

200 ml Rotwein
200 ml Wasser
1 kg Pflaumen
250 g brauner Kandiszucker
1 EL kleingeschnittener, kandierter Ingwer
1/2 Vanilleschote

Die Pflaumen waschen, abtrocknen, entstielen und zusammen mit dem Ingwer in die vorbereiteten Gläser füllen.

Den Rotwein mit dem Wasser, dem Kandiszucker und der aufgeschlitzten Vanilleschote unter Rühren kochen, bis sich der Zucker aufgelöst hat, dann auskühlen lassen und die Vanilleschote herausnehmen. Diesen Sud über die Pflaumen gießen, die Gläser gut verschließen und kühl stellen. Ein baldiger Verzehr ist empfehlenswert.

Weinselige Weichseln

1 l Rotwein
125 ml Rum
1,5 kg Weichseln
750 g Zucker
1 Zimtstange

Die Weichseln waschen, trockenreiben und entstielen. Anschließend mit dem Zucker, dem Rotwein und der Zimtstange vermischen und über Nacht stehen lassen. Am nächsten Tag die Zimtstange entfernen und alles andere langsam erhitzen und aufkochen. Danach den Rum zugießen und noch heiß in Gläser füllen. Gut verschließen!

» Unser spezieller Tipp

Eis, Pudding und Cremen lassen sich mit den „Weinseligen Weichseln“ optimal verfeinern!

Backpflaumen in Armagnac

0,5–0,75 l Armagnac
0,25 l Weißwein (z. B. Grüner Veltliner oder Riesling)
500 g getrocknete Pflaumen (ohne Stein)
300 g Zucker
1/2 Zimtstange
2 Gewürznelken

Die Pflaumen bei Zimmertemperatur 1–2 Tage in Weißwein einlegen. Die Früchte, den Weißwein, den Zucker, die Zimtstange und die Gewürznelken in die Gläser füllen und mit dem Armagnac aufgießen – die Pflaumen müssen vollständig bedeckt sein.

Die Gläser verschließen und ca. 3 Wochen an einem warmen Ort ziehen lassen. Dann den Armagnac abgießen, filtern und wieder über die Pflaumen geben. Die Gläser wieder gut verschließen!

Backobst in Marillenbrand

700 ml Marillenbrand
0,5 l Wasser
350 g getrocknete Früchte (Marillen, Zwetschken, Apfelringe, Ananas)
100 g Rosinen
50 g geschälte Mandeln
200 g Zucker

Die getrockneten Früchte und die Rosinen kurz in heißem Wasser waschen und mit Küchenpapier trockentupfen. Mit den Mandeln in die Gläser geben und mit einem sauberen Tuch bedecken.

Den Zucker im Wasser so lange kochen, bis er sich vollständig gelöst hat. Den Zuckersud über die Früchte leeren und die Gläser mit Marillenbrand auffüllen. Gut verschließen und vor der Verwendung mindestens 4 Wochen an einem kühlen, trockenen Ort ziehen lassen!

» Unser spezieller Tipp

Das Backobst in Marillenbrand ist zu Vanilleeis mit Schlagobers ein wahres „Gedicht“!

RUMTÖPFE – ein kleiner Steckbrief

Rumtöpfe gibt es in den unterschiedlichsten Variationen. Die Arbeit beginnt in jedem Fall bereits im Juni, wenn die ersten Obstsorten in den Rumtopf wandern. Danach kommen jeden Monat weitere Sorten dazu. Erst im Dezember erhalten Sie den Lohn für Ihre Mühen – die Rumfrüchte haben nun ihr volles Aroma erreicht, und dem Genuss steht nichts mehr im Wege! Im Folgenden lernen Sie die klassische Vorgangsweise beim Ansetzen eines Rumtopfes kennen.

Dafür benötigen Sie einen Rumtopf. Geeignete Materialien dafür sind glasiertes Steingut, Porzellan oder Glas. Der Rumtopf sollte einen passenden Deckel haben. Wichtig ist auch die Größe der Einfüllöffnung: Da die Früchte immer vollständig mit Rum bedeckt sein müssen (der Flüssigkeitsspiegel muss immer 1 cm über den Früchten stehen) und nicht an der Oberfläche schwimmen sollen, müssen sie beschwert werden. Dazu verwendet man einen Teller, welcher durch die Einfüllöffnung des Rumtopfes passen muss!

In den Rumtopf kommen nur reife Früchte, die weder Druck- noch Faulstellen aufweisen und noch nicht weich sind! Je nach Sorte werden die Früchte gewaschen, trockengetupft und verlesen. Das Obst immer von Stiel- und Blütenansätzen befreien. Verwenden Sie Steinobst, so bleibt es Ihnen überlassen, ob Sie die Kerne entfernen.

Die Früchte werden mit Zucker vermengt und zugedeckt für einige Stunden kühl gestellt. Zum Zuckern der Früchte ist sehr feiner Haushaltszucker geeignet, da sich die kleinen Kristalle viel schneller auflösen. Als Standard gilt, dass immer die halbe Menge Zucker im Verhältnis zur Fruchtmenge verwendet wird. Eine Ausnahme sind Erdbeeren, hier mischt man 1:1.

Es gibt aber auch Rezepte, die mit weniger Zucker auskommen. Im Zweifelsfall fahren Sie aber gut, wenn Sie sich an die oben genannten Mengenverhältnisse halten! Helle und dunkle Früchte sollten separat eingezuckert werden, um ihre spezielle Farbe zu erhalten.

Geben Sie die verschiedenen Sorten möglichst im Abstand von 2 Wochen in den Rumtopf!

Verwenden Sie nur Rum von guter Qualität mit einem Alkoholgehalt von mindestens 54 % vol., damit Sie eine ausreichende Konservierung erhalten. Meiden Sie Rum mit sehr hohem Alkoholgehalt, da in diesen Fällen der Geschmack des Alkohols den der Früchte überdeckt.

Bei jeder Fruchtzugabe muss neuer Rum darüber gegossen werden. Achten Sie darauf, dass der Rum die Früchte immer ca. 1–2 Finger breit bedeckt.

Zeitpunkt	Früchte	Verarbeitung
Juni	Erdbeeren Zuchtheidelbeeren Kirschen	entkelchen entstielen entstielen, evtl. entkernen
Juli	Weichseln	entstielen, nicht entkernen
	Schwarze Ribiseln	von Rispen streifen
	Stachelbeeren	von Blüten- und Stielansätzen befreien
	Marillen	halbieren und entsteinen
	Mirabellen	mit Stein
	festfleischige Pfirsiche	häuten, halbieren und entsteinen
August	Nektarinen	halbieren und entsteinen
	festfleischige Zuckermelonen	schälen, entkernen und in ca. 2 cm große Würfel schneiden
September	Zwetschken	halbieren und entsteinen
	festfleischige Birnen	schälen, vierteln, von Kerngehäuse, Stiel- und Blütenansätzen befreien; die Viertel dann nochmals in je 3 Stücke teilen
	helle Weintrauben, möglichst kernlos	von Stielen zupfen
Saison-unabhängig	Ananas	schälen und würfeln
	Limetten, unbehandelt	in Scheiben schneiden
	Kiwis	schälen, in Scheiben oder große Stücke schneiden
	Papayas	schälen, in Scheiben oder große Stücke schneiden

Lagern Sie Ihren Rumtopf immer gut verschlossen an einem dunklen und kühlen Ort. Sie müssen während dieser Zeit nicht umrühren, da sich Zucker, Alkohol und Fruchtaroma von selbst verbinden. Es empfiehlt sich aber, ab und zu zu kontrollieren, ob noch alle Früchte vom Alkohol bedeckt sind.

Im Anschluss finden Sie einige erprobte Rezepte, die zum Teil zu einem schnelleren Ergebnis als beim oben beschriebenen „klassischen Rumtopf" führen. Auch in diesen Fällen sollte der Rumtopf vor dem Genuss mindestens 3 Wochen ziehen, und es gilt die Regel, dass der Rumtopf um so besser wird, je länger gewartet wird! Die Lagerzeit sollte aber ein halbes Jahr nicht überschreiten!

Früchte für den Rumtopf – der Phantasie sind (fast) keine Grenzen gesetzt

Rumtöpfe können Sie aber auch ganz nach Ihrem eigenen Geschmack zusammenstellen. Einen Überblick über die beliebtesten Obstsorten, die in den einzelnen Monaten zur Verfügung stehen, gibt Ihnen die nebenstehende Tabelle.

Weniger geeignete Früchte für einen Rumtopf sind Waldheidelbeeren, die sehr schnell matschig werden. Himbeeren, Brombeeren, Weiße und Rote Johannisbeeren schimmeln sehr schnell. Äpfel schmecken herb, Rhabarber sauer. Aber auch diese Früchte finden sich immer wieder in einem Rumtopf, da er wirklich nach eigenem Geschmack zusammengestellt werden kann.

Sommerlicher Rumtopf

0,75 l Rum (54 % vol.)
2 große Pfirsiche
250 g Kirschen
250 g Marillen
500 g Zucker
1/2 Zimtstange
1/2 Vanilleschote

Die Pfirsiche waschen und in einem Topf mit kochendem Wasser 3 Minuten lang blanchieren. Danach herausnehmen und in kaltem Wasser gut abschrecken.

Anschließend halbieren, entsteinen, vierteln und mit einem kleinen Messer die Haut abziehen. Dann in Spalten schneiden und mit 300 g Zucker mischen, gut abdecken und mindestens 3–4 Stunden ziehen lassen.

Die Kirschen und die Marillen waschen, halbieren, entsteinen und mit dem restlichen Zucker mischen, abdecken und 3–4 Stunden ziehen lassen. Die eingezuckerten Früchte in ein Gefäß schichten, die Zimtstange und die aufgeschlitzte Vanilleschote zugeben. Danach mit dem Rum aufgießen, so dass die Früchte fingerbreit bedeckt sind, und das Gefäß dicht verschließen. Vor dem Verzehr mindestens 3 Wochen ziehen lassen!

Exotischer Rumtopf

0,25 l weißer Rum (54 % vol.)
3 Orangen
3 Kiwis
1 kleiner Granatapfel
300 g Zucker
1/2 Vanilleschote

Die Orangen und die Kiwis schälen und in Scheiben schneiden. Den Granatapfel halbieren und mit einem Löffel die essbaren Kerne herausschaben. Danach das vorbereitete Obst mit dem Zucker mischen, die aufgeschlitzte Vanilleschote beigeben und mit dem weißen Rum übergießen, so dass alle Früchte fingerbreit bedeckt sind. Das Gefäß dicht verschließen und vor dem Verzehr mindestens 3 Wochen ziehen lassen.

» Unser spezieller Tipp

Die essbaren Teile des Granatapfels sind die Kerne. Möchten Sie keine so intensive Färbung Ihres Rumtopfes, lassen Sie den Granatapfel einfach weg!
Sie können dieses exotische Rumtopfrezept auch noch mit frischen Feigen und kleinen Ananasstückchen bereichern!
Schätzen Sie süße Rumtöpfe, erhöhen Sie die Zuckermenge nach Belieben.

Nuss-Rumtopf

0,25 l Rum
200 g Walnusshälften
200 g Zucker
1 Stück Sternanis
1 Zimtstange

Den Zucker mit dem Rum kochen, bis er sich vollständig gelöst hat. In der Zwischenzeit die Walnusshälften mit den Gewürzen in ein vorbereitetes Glas geben. Mit der leicht überkühlten Zucker-Rum-Mischung auffüllen, verschließen und vor dem Verzehr mindestens 1 Woche ziehen lassen.

» Unser spezieller Tipp

Der Nuss-Rumtopf ist als Verfeinerung von Eisbechern unschlagbar!

Exotischer Rumtopf (links)
Nuss-Rumtopf (rechts)

Gemüse in Alkohol

Kürbis in Weißwein

Den Kürbis vierteln, die Kerne mit einem Löffel entfernen, das Fleisch aus der Schale schneiden und das Kürbisfleisch klein würfeln.

Den Zucker mit dem Wasser, dem Weißwein, den Pfefferkörnern, den Gewürznelken und der Muskatblüte aufkochen und in diesem Sud die Kürbisstücke bissfest kochen. Anschließend noch heiß in die Gläser füllen und sofort verschließen.

0,25 l Weißwein
0,25 l Wasser
500 g Kürbis
125 g Zucker
4 Gewürznelken
2 Pfefferkörner
1 kleines Stück Muskatblüte

» Unser spezieller Tipp

Verwenden Sie für dieses Rezept keine zu stärkereiche Kürbissorte!

Kürbis in Weisswein – eine herbstliche Komposition

Weißweinzwiebeln

Die Zwiebeln und die Knoblauchzehen schälen, in kochendes Salzwasser geben und ca. 10 Minuten kochen. In ein Sieb abgießen, gut abtropfen und kalt werden lassen.

Den Weißwein mit dem Weißweinessig, dem Salz, dem Zucker, den Lorbeerblättern und den Pfeffer- und Senfkörnern kochen, bis sich das Salz und der Zucker gelöst haben. Diesen Sud abseihen und abkühlen lassen.

Den Estragonzweig gut waschen, trockentupfen und die Blätter abzupfen.

Die Zwiebeln und die Knoblauchzehen mit den Estragonblättern in die vorbereiteten Gläser geben und mit dem Sud übergießen. Die Gefäße gut verschließen und kühl lagern.

0,75 l trockener Weißwein
400 ml Weißweinessig
1 kg kleine Zwiebeln
2 Knoblauchzehen
1 Zweig Estragon
250 g Zucker
3 TL Salz
1 TL weiße Pfefferkörner
1 TL Senfkörner
2 Lorbeerblätter
Salzwasser

Rotweinzwiebeln

400 ml kräftiger Rotwein
200 ml Rotweinessig
500 g kleine, feste rote Zwiebeln
100 g Zucker
1 EL weiße Pfefferkörner
1 TL Salz
4 Gewürznelken
2 kleine Lorbeerblätter
1/2 Zimtstange

Die Zwiebeln so schälen und putzen, dass die Stielansätze ganz und die Wurzelansätze knapp abgeschnitten werden. Die Zwiebeln sollen dabei ganz bleiben.

Den Rotweinessig mit dem Rotwein, dem Zucker, dem Salz, den Pfefferkörnern, den Gewürznelken, den Lorbeerblättern und der halben Zimtstange aufkochen. In diesen Sud die Zwiebeln legen und bei schwacher Hitze zugedeckt ca. 15 Minuten köcheln lassen. Danach den Topf vom Herd nehmen und die Zwiebeln im Sud auskühlen lassen. Die Zwiebeln mit dem Siebschöpfer aus dem Sud heben und in vorbereitete Gläser geben. Den Sud noch einmal aufkochen lassen, nochmals abschmecken und die Gläser damit auffüllen. Sofort verschließen und vor der Verwendung mindestens 2–3 Wochen durchziehen lassen.

» Unser spezieller Tipp

Die Rotweinzwiebeln stehen in unserer persönlichen Hitliste ganz weit oben!

Knoblauch in Veltliner

0,25 l Veltliner (Weißwein)
125 ml Essig
1 EL Öl pro Glas
10 Knollen Knoblauch
1 roter Paprika
1 gelber Paprika
1 grüner Paprika
70 g Zucker
2 EL Salz
1 TL Senfkörner
6 Pfefferkörner
6 Gewürznelken
3 Wacholderbeeren
3 Lorbeerblätter
Thymian nach Geschmack
Estragon nach Geschmack

Die Knoblauchzehen schälen, die Paprika waschen, putzen und in Streifen oder Würfel schneiden.

Den Weißwein mit dem Essig, dem Zucker, dem Salz, den Senf- und Pfefferkörnern, den Gewürznelken, den Wacholderbeeren, den Lorbeerblättern, dem Thymian und dem Estragon aufkochen lassen. In diesem Sud die Knoblauchzehen und die Paprikastreifen bzw. Paprikawürfel 3 Minuten kochen und über Nacht an einem kühlen Ort zugedeckt ziehen lassen. Am nächsten Tag nochmals kurz aufkochen und noch heiß in kleine Gläser füllen. Mit je 1 Esslöffel Öl abschließen.

Gut verschließen und vor der Verwendung ca. 10 Tage ziehen lassen!

» Unser spezieller Tipp

Knoblauch in Veltliner ist eine originelle Beilage zur Jause und zum kalten Buffet!

Rotweinzwiebel – Augenschmaus und Gaumenfreude

Einlegen in Salz

Gemüse in Salz

Fenchel mit Wurzelgemüse

2 EL Salz
0,5 l Wasser
1 kg Fenchelknollen
250 g gemischtes Wurzelwerk
5 Pfefferkörner

Die Fenchelknollen putzen und der Länge nach halbieren. Das Wurzelwerk putzen, waschen und klein würfeln. Das Gemüse mit den Pfefferkörnern in Salzwasser 5 Minuten kochen und alles in die Gläser einfüllen. Gut verschließen und bald verzehren!

Salzgurken

50 g Salz
1 l Wasser
2,5 kg mittelgroße Einlegegurken
5 Scheiben Kren
3 Weinblätter
4 Zweige Estragon
4 Zweige Dill
2 TL weiße Pfefferkörner

Die Gurken in eine Schüssel schichten, mit kaltem Wasser bedecken und über Nacht stehen lassen. Danach gründlich abbürsten und gut abtrocknen.

Den Estragon, den Dill und die Weinblätter unter fließendem kalten Wasser reinigen und gut abtropfen lassen.

Die Gurken abwechselnd mit den Krenscheiben, dem Estragon, dem Dill, den Weinblättern und den Pfefferkörnern in die Gläser schichten.

Das Wasser mit dem Salz verrühren und so über die Gurken gießen, dass sie vollständig bedeckt sind. Die Gläser gut verschließen.

Die Gurken an einem kühlen Platz mindestens 4 Wochen stehen lassen und gelegentlich kontrollieren. Findet sich in der Gurkenlake nach einiger Zeit eine weißliche Hefeschicht, müssen die Gurken gründlich abgespült und die Flüssigkeit erneuert werden!

» Unser spezieller Tipp

Decken Sie die Gurkenlake mit etwas neutralem Speiseöl ab – dadurch lässt sich eine eventuelle Hefe- oder Schimmelbildung besser vermeiden als mit der Gurkenlake alleine!

Eingelegter Rettich

2 EL Salz
0,5 l Wasser
3 EL Weißweinessig oder destillierter Malzessig
800 g Weißer Rettich
200 g Rote Rüben
3 Knoblauchzehen

Den Rettich und die Roten Rüben putzen, waschen und fein hobeln. Den Knoblauch schälen und in dünne Scheiben schneiden.

Den Rettich, die Roten Rüben und die Knoblauchscheiben in vorbereitete Gläser schichten. Das Wasser, das Salz und den Essig aufkochen und das Glas damit auffüllen. Die Gläser gut verschließen und das eingelegte Gemüse bald verzehren.

Suppenwürze

300 g Salz
300 g Karotten
200 g Sellerie
200 g Petersilienwurzel
200 g Pastinak
100 g Porree
5 Blätter Liebstöckel
1 Bund Petersilie

Das Gemüse waschen, putzen, schälen und fein raspeln. Die Kräuter waschen und fein hacken. Das zerkleinerte Gemüse mit den Kräutern und dem Salz vermischen. In vorbereitete Gläser dicht einfüllen und gut verschließen. Die Gläser kühl stellen.

» Unser spezieller Tipp

Verwenden Sie kleine Gläser, da laufend nur kleine Mengen entnommen werden. Bereits geöffnete Gläser unbedingt im Kühlschrank aufbewahren. Diese Suppenwürze ist eine gute Alternative zu Brühwürfeln für Suppen und Soßen. Verwenden Sie für 1 l Suppe 1–3 TL, je nach Geschmack.

Eingelegter Rettich (links)
Suppenwürze (rechts)

Früchte in Salz

Salzzitronen

5 kleine unbehandelte Zitronen
1 Zitrone (zum Auspressen)
8 TL Salz
Wasser

Die Zitronen heiß waschen, in ein Einmachglas legen, mit Wasser bedecken und 3 Tage kühl stellen. Die Zitronen herausnehmen (Wasser wird nicht mehr verwendet), viermal der Länge nach zur Mitte hin einschneiden. Je Zitrone 1 TL Salz auf die Einschnitte verteilen und die Zitronen in das Glas geben. Die übrige Zitrone auspressen und den Saft mit den restlichen 3 TL Salz in das Glas geben. Mit kochendem Wasser auffüllen, bis die Zitronen gut bedeckt sind. Das Glas gut verschließen und die Salzzitronen ca. 3 Wochen bei Zimmertemperatur ziehen lassen.

» Unser spezieller Tipp

Sie können die Salzzitronen im Ganzen, in Stücken oder nur die Schale verwenden. Diese Spezialität passt sehr gut zu Fisch- und Fleischgerichten.

Eier in Salz

Soleier

Die Eier gründlich waschen und ca. 10 Minuten in sprudelndem Salzwasser kochen, herausnehmen und mit dem stumpfen und dem spitzen Ende auf die Arbeitsfläche klopfen, damit die Schalen Sprünge bekommen.

Die Zwiebeln schälen und in Ringe schneiden.

Für den Sud das Wasser mit dem Apfelessig, dem Salz, den Zwiebeln, dem Thymian, dem Rosmarin, der Dilldolde, den Pfeffer- und Senfkörnern kurz aufkochen.

Die Eier (mit der Schale) in ein großes Glas legen und den leicht abgekühlten Sud darübergießen. Die Gewürze müssen sich dabei gut im Glas verteilen! Vor der Verwendung 1 Woche im Kühlschrank ziehen lassen!

80 g Salz
1,25 l Wasser
3 EL Apfelessig
12 Eier
2 kleine rote Zwiebeln
1 Lorbeerblatt
1 Zweig Thymian
1 Zweig Rosmarin
1 Dilldolde
einige Pfefferkörner
1/2 TL Senfkörner
Salzwasser zum Kochen der Eier

» Unser spezieller Tipp

Soleier werden beim Verzehr meistens „nachgewürzt". Dafür eignen sich Pfeffer, Essig, Öl, Salz und verschiedenste Würzsaucen.

Die Zubereitung von Soleiern

Die Eier hart kochen (kühlschrankkalte Eier dreimal kurz in das sprudelnde Wasser eintauchen, damit die Schale beim Kochen nicht aufspringt).

Anschließend kalt abschrecken und die Eier auf eine harte Unterfläche klopfen, damit sie Sprünge bekommen und der Sud eindringen kann.

Würziges Potpurri – bunte Pfefferkörner, Senfkörner, Dill, Thymian, Rosmarin und Zwiebel – vorbereiten.

Für den Sud Wasser mit Apfelessig, Salz und Gewürzen kurz aufkochen.

Die Eier samt der Schale in ein Glas legen und den leicht abgekühlten Sud darübergießen. Das Glas solld abei auf einer feuchten Unterlage stehen. Achten Sie darauf, dass sich die Gewürze gut verteilen. Anschließend das Glas verschließen.

Fische in Salz

Eingesalzene Sardellen

1,5 kg grobes Salz
500 g feines Meersalz
1 kg Sardellen (ausgeweidet und gesäubert)
1 EL schwarze Pfefferkörner
4 Lorbeerblätter

Etwas feines Meersalz in die Bauchhöhle und auf die Außenseiten der Fische streuen und gut in die Haut einreiben.

Die Fische in eine breite, flache Schüssel lagenweise einschichten. Dabei wird jede Fischlage dünn mit feinem Meersalz bestreut. Danach zugedeckt 4–5 Stunden im Kühlschrank ziehen lassen, bis der Saft ausgetreten ist. Die Fische herausnehmen und einzeln gründlich mit Küchenpapier trockentupfen.

Den Boden eines vorbereiteten, großen Glases mit grobem Salz bestreuen, eine Lage Fische mit einem Lorbeerblatt und einigen Pfefferkörnern einlegen. Mit einer 0,5 cm dicken Schicht aus grobem Salz bestreuen. Sämtliche Fische lagenweise so einschichten – mit einer Salzschicht abschließen!

Einen genau passenden Teller auf die Fische legen und diesen mit einer gefüllten Flasche beschweren. So zugedeckt in den Kühlschrank geben und vor der Verwendung ca. 1 Woche ziehen lassen. Die eingesalzenen Sardellen sollten bald verzehrt werden!

» Unser spezieller Tipp

Achten Sie darauf, dass Sie nur junge, frische Fische mit annähernd gleicher Größe und unverletzter, glänzender Haut verwenden. Die eingesalzenen Sardellen sollten vor der Verwendung ca. 15 Minuten in kaltes Wasser eingelegt werden, damit der intensive Salzgeschmack etwas gemindert wird.

Einlegen in Essig

Früchte in Essig

Äpfel in Melissenessig

400 ml Apfelessig
200 ml Apfelsaft
200 ml Wasser
1 kg kleine, säuerliche Äpfel
200 g Vollrohrzucker
Saft und Schale von 1 unbehandelten Zitrone
4 Zweige Zitronenmelisse
Zitronenwasser (auf 1 l Wasser den Saft von 1 Zitrone)

Die Äpfel waschen, schälen (die Schale zur Seite geben) und das Kerngehäuse ausstechen. Anschließend in Zitronenwasser einlegen, um das Braunwerden zu verhindern. Die Zitronenmelisse unter fließendem kalten Wasser waschen und trockentupfen. Die Apfelschalen, die Zitronenschale und die Melissenblätter mit Wasser aufkochen und ca. 10 Minuten ziehen lassen. Danach abseihen und mit dem Apfelessig, dem Apfelsaft und dem Vollrohrzucker nochmals aufkochen. In diesem Sud die Äpfel halbweich dünsten, mit dem Siebschöpfer herausnehmen und in die vorbereiteten Gläser geben. Den Sud nochmals aufkochen und über die Äpfel gießen. Heiß verschließen und kühl aufbewahren!

» Unser spezieller Tipp

Halbiert oder in Scheiben geschnitten, sind diese Äpfel eine sehr gut schmeckende Garnitur zu gebratenem Fleisch.

Ingweräpfel

375 ml Essig
375 ml Wasser
1,5 kg säuerliche Äpfel
Saft und Schale von 1 unbehandelten Zitrone
400 g Zucker
1/2 TL gemahlener Ingwer
5 Gewürznelken
1 Zimtstange

Die Zitrone heiß waschen, sehr dünn schälen und den Saft auspressen. Die Äpfel waschen, schälen, vierteln und vom Kerngehäuse befreien. Sofort mit dem Zitronensaft beträufeln, um ein Verfärben zu verhindern. Für den Sud den Essig, das Wasser, den Zucker, die Zimtstange, die Gewürznelken, die Zitronenschale und den Ingwer zum Kochen bringen. Die Äpfel darin ca. 10 Minuten lang köcheln lassen. Mit dem Siebschöpfer herausnehmen und in Gläser schichten. Danach mit dem Sud übergießen und gut verschließen. Kühl lagern und bald verbrauchen!

» Unser spezieller Tipp

Variieren Sie die Zuckermenge je nach Apfelsorte und Ihrem persönlichen Geschmack!

Ingweräpfel (links) und Gewürzbirnen (rechts)

Gewürzbirnen

Aus Zitronensaft und kaltem Wasser in einer großen Schüssel Zitronenwasser herstellen. Mit dem Gemüseschäler einige Längsstreifen aus jeder Birne herausschälen und die Früchte danach sofort ins Zitronenwasser legen.

Den Rotwein zusammen mit dem Rotweinessig, dem Zucker, dem Honig und dem Gewürzsäckchen (bestehend aus Pfefferkörnern, Gewürznelken, Pimentkörnern, Lorbeerblättern, Zimtstangen und Zitronenschale) aufkochen und 5 Minuten kochen lassen. Die Birnen in diesen Sud geben und bei schwacher Hitze 35–40 Minuten köcheln lassen, bis sie etwas weicher geworden sind, beim Anstechen aber noch Widerstand spürbar ist. Mit dem Siebschöpfer herausheben und in das Glas schlichten. Den Sud auf ca. die Hälfte reduzieren, das Gewürzsäckchen entfernen. Den Sud über die Birnen gießen, so dass diese völlig bedeckt sind. Gut verschließen und vor dem Verzehr 1 Monat ziehen lassen.

1 l Rotweinessig
0,5 l Rotwein
1 kg kleine, harte Birnen
Saft von 1 Zitrone
einige Streifen von 1 unbehandelten Zitronenschale
400 g Zucker
150 g Honig
1 EL schwarze Pfefferkörner
2 TL Gewürznelken
2 TL Pimentkörner
2 Lorbeerblätter
2 Zimtstangen

Birnen in Essigzucker

Die geschälten und vom Kerngehäuse befreiten Birnen werden in gleichmäßige Spalten geschnitten. Der Apfelessig wird mit dem Wasser, dem Kandiszucker, den Nelken, der Zimtstange und der Zitronenschale aufgekocht. Die Früchte in diesen Sud geben und halb weich kochen. Mit dem Siebschöpfer herausnehmen und in Gläser schichten. Den Sud nochmals aufkochen und sofort über die Früchte gießen. Gut verschließen und kühl lagern!

375 ml Apfelessig
375 ml Wasser
1,5 kg Birnen
400 g Kandiszucker
5 Nelken
1 Zimtstange
Schale von 1 unbehandelten Zitrone

Currybirnen

Die gewaschenen und geschälten Birnen halbieren und das Kerngehäuse herausschneiden. Danach die Birnenhälften sofort mit etwas Weinessig übergießen, um ein Braunwerden zu verhindern.

Den restlichen Weinessig, den Weißwein, den Saft und die Schalen der Orange und der Zitrone sowie den Zucker aufkochen. Die Birnenhälften portionsweise in diesen Sud geben und weich kochen. Mit einem Siebschöpfer aus dem Sud nehmen und abtropfen lassen.

Die Pimentkörner und den Koriander sehr fein zerstoßen, mit dem Curry und dem Kardamom mischen und in den Sud rühren. Solange kochen, bis ein leicht dicklicher Sirup entsteht.

Die Birnenhälften in Gläser schichten und den abgeseihten Sirup nach dem Abkühlen darübergießen. Gut verschließen und an einem kühlen, trockenen Ort lagern! Vor der Verwendung ca. 2 Monate ziehen lassen!

1 l Weinessig
0,5 l leichter, lieblicher Weißwein
2 kg kleine, feste Birnen
1 kg Zucker
Saft und Schale von einer 1/2 unbehandelten Orange
Saft und Schale von einer 1/2 unbehandelten Zitrone
2 EL Currypulver
1/2 EL Pimentkörner
1/2 TL Koriander
1 Prise Kardamom

Essigbirnen

375 ml Weinessig
375 ml Wasser
1 kg feste Birnen
400 g Zucker
1 Zimtstange
5 Gewürznelken

Die Birnen waschen, schälen und das Kerngehäuse entfernen. Die Früchte danach halbieren.

Für den Sud das Wasser, den Zucker, den Weinessig, die Zimtstange und die Gewürznelken aufkochen. Die Birnenhälften darin ca. 5 Minuten kochen, herausnehmen und in Gläser schichten. Mit dem kochenden Sud übergießen und gut verschließen!

Süß-saure Mostbirnen

200 ml Birnen- oder Apfelessig
200 ml Most
1 kg Mostbirnen
2 cl Birnenbrand
250 g Zucker
125 g brauner Kandiszucker
1 TL Senfkörner
1 TL Wacholderbeeren
4 Gewürznelken
1 Zweig Thymian
1/2 Zweig Rosmarin
1 Lorbeerblatt
1 Zimtstange

Die Birnen gründlich waschen. Stiel, Blütenansatz und Schale nicht entfernen! Die Früchte einige Male anstechen.

Den Essig mit dem Most, dem Zucker, dem Kandiszucker, den Senfkörnern, den Wacholderbeeren, dem Thymian, dem Rosmarin, dem Lorbeerblatt, der Zimtstange und den Gewürznelken aufkochen. Die Birnen in diesen Sud einlegen und bei schwacher Hitze bissfest garen. Die Früchte mit dem Siebschöpfer herausnehmen und dicht in die Gläser schichten. Anschließend den Sud nochmals aufkochen und den Birnenbrand zugeben. Den kochendheißen Sud durch ein Sieb in die Gläser leeren. Die abgeseihten Gewürze (ohne Thymian und Rosmarin) dekorativ in die Gläser schichten. Sofort gut verschließen und kühl und dunkel lagern! Vor dem Verzehr ca. 1 Monat ziehen lassen!

» Unser spezieller Tipp

Die süß-sauren Mostbirnen sind eine tolle und nicht alltägliche Beilage zu Rinds- und Wildbraten, würzigem Käse und kräftigen Pasteten!

Stachelbeeren mit Schuss

125 ml Rotweinessig
125 ml kräftiger, trockener Rotwein
125 ml Armagnac
750 g Stachelbeeren
350 g Zucker
1 Zimtstange

Die Stachelbeeren waschen, trockentupfen und in die Gläser geben. Den Rotwein, den Rotweinessig, den Zucker und die Zimtstange aufkochen. Sobald sich der Zucker gelöst hat, vom Herd nehmen und auskühlen lassen. Danach den Sud über die Beeren gießen und den Armagnac gleichmäßig auf die Gläser verteilen. Gut verschließen!

Pikante Holunderbeeren

Den Weinessig mit dem Kandiszucker, dem Ingwer, dem Kren, den Pfefferkörnern, den Pimentkörnern, den Gewürznelken, der Zimtstange und der Muskatblüte 10 Minuten langsam kochen lassen. Danach abseihen und die Holunderbeeren im Sud 5 Minuten kochen lassen. In Gläser füllen, noch heiß gut verschließen und bald verzehren!

0,5 l Weinessig
1 kg Holunderbeeren
450 g Kandiszucker
1 cm Ingwer
1 EL geriebener Kren
5 schwarze Pfefferkörner
3 Pimentkörner
5 Gewürznelken
1 Zimtstange
1 TL Muskatblüte (Macis)

» Unser spezieller Tipp

Die pikanten Holunderbeeren eignen sich sehr gut als Beilage zu Pasteten, Roastbeef und Sulz.

Feigen in Kardamomsirup

Die Feigen gründlich waschen und halbieren, die Ansätze entfernen. Mit dem Zestenreißer oder einem kleinen Messer die Orangenschale in Zesten schneiden. Die Orangenzesten, den Zucker, das Kardamompulver und die Zimtstange mit dem Weißweinessig und dem Wasser aufkochen. Diesen Sud ca. 5 Minuten kochen lassen. Die Feigen in Gläser geben und mit dem heißen Sud übergießen. Gut verschließen und im Kühlschrank lagern!

200 ml Weißweinessig
400 ml Wasser
10 frische, reife Feigen
1 unbehandelte Orange
220 g Zucker
1/4 TL Kardamompulver
1 Zimtstange

» Unser spezieller Tipp

Feigen in Kardamomsirup sind einer unserer persönlichen Favoriten. Servieren Sie diese Delikatesse als Antipasti, zu kaltem Fleisch oder Schinken. Im Kühlschrank aufbewahrt, halten sich die Feigen in Kardamomsirup ca. 1 Monat. In Hinblick auf die Konsistenz und Optik empfehlen wir aber, sie innerhalb von zwei Wochen aufzubrauchen.

Feigen in Kardamomsirup (links)
Pikante Holunderbeeren (rechts)

Süß-saure Marillen

125 ml Weißweinessig
0,5 l Wasser
1,5 kg Marillen
1 cm frische Ingwerwurzel
400 g Zucker
3 EL Holunderblütensirup
1 Vanilleschote

Die Marillen waschen, halbieren und entkernen. Den Ingwer schälen, in dünne Scheiben schneiden, die Vanilleschote in kleine Stücke teilen.

Den Weißweinessig zusammen mit dem Wasser, dem Zucker, den Ingwerscheiben, dem Sirup und den Vanillestücken aufkochen. In diesem Sud die Marillen einmal kurz aufkochen lassen. Danach mit dem Siebschöpfer herausnehmen und in die Gläser schichten. Den Sud im offenen Topf 15 Minuten stark einkochen lassen, danach noch heiß über die Marillen gießen. Gut verschließen und kühl und dunkel lagern! Die Früchte innerhalb von zwei Wochen verzehren.

Holländische Kirschen

0,5 l milder Weinessig
0,25 l Johannisbeersaft
2 cl Kirschwasser
2 kg reife, feste Herzkirschen
1 kg weißer Kandiszucker
1 Zimtstange
2 Wacholderbeeren

Die Kirschen entstielen, waschen und entkernen – die Früchte sollten dabei möglichst unversehrt bleiben!

Den Weinessig mit dem Johannisbeersaft, der Zimtstange und den Wacholderbeeren erwärmen, noch warm über die Kirschen gießen und im Kühlschrank zugedeckt ca. 2 Tage ziehen lassen. Dabei gelegentlich schütteln.

Danach den Sud abgießen und mit dem grob zerstoßenen Kandiszucker erhitzen, bis sich der Zucker gelöst hat. Die Kirschen in diesem Sud kurz durchkochen, anschließend mit einem Siebschöpfer herausheben. Den Sud zu einem leichten Sirup einkochen lassen.

Mit dem Kirschwasser ein Glas ausspülen und die Kirschen ohne Wacholderbeeren und Zimtstange einlegen. Mit dem Sirup übergießen, gut verschließen und vor dem Verzehr mindestens 2 Monate kühl lagern!

Süss-saure Marillen (links)
Holländische Kirschen (rechts)

Essigkirschen

- 125 ml Rotweinessig
- 500 g Kirschen
- 250 g Zucker
- 1 TL Senfkörner

Die Kirschen entstielen, waschen und entkernen. Den dabei abtropfenden Saft in einer Schüssel auffangen.

Den Kirschensaft mit dem Rotweinessig und dem Zucker verrühren, 10 Minuten kochen und anschließend erkalten lassen.

Die Hälfte der Senfkörner zerstoßen, die andere Hälfte ganz lassen und beides mit den Kirschen in ein Glas geben. Den kalten Sud über die Kirschen gießen und das Glas verschließen. An einem kühlen Ort lagern und vor der Verwendung mindestens 14 Tage ziehen lassen.

Johannisbeeren nach altenglischer Art

- 600 ml Weinessig
- 125 ml Wasser
- 1 kg Rote Johannisbeeren
- 500 g Schwarze Johannisbeeren
- 250 g brauner Zucker
- 1 kleines Stück getrockneter Ingwer (oder etwas Ingwerpulver)
- 5 schwarze Pfefferkörner
- 3 Korianderkörner
- 2 Gewürznelken
- 1 Stück Muskatblüte (Macis)
- 1/4 Zimtstange
- 3 TL geriebener Kren

Die Johannisbeeren waschen, entstielen, trockentupfen und in ein Glas geben.

Den Zucker, das Wasser und den Weinessig aufkochen, aus den angegebenen Gewürzen ein Gewürzsäckchen binden und dazugeben. Den Sud bei mäßiger Hitze ca. 15 Minuten kochen und dabei gelegentlich umrühren.

Das Gewürzsäckchen entfernen und den Sud etwas auskühlen lassen. Danach über die Beeren gießen. Das Glas nach dem Erkalten verschließen und vor dem Verzehr mindestens 4 Monate ziehen lassen.

» Unser spezieller Tipp

Mischt man unter die Roten und Schwarzen Johannisbeeren Weiße Johannisbeeren, erhält man eine farblich sehr schöne Mischung. Johannisbeeren nach altenglischer Art eignen sich gut zum Verfeinern von Rotkraut.

Johannisbeeren nach altenglischer Art – eine geschmackliche Alternative zu Preiselbeeren für pikante Gerichte

Kiwi-Paprika-Pickles

0,25 l Apfel- oder Weißweinessig
7 feste, unreife Kiwis
1 kleiner, roter Paprika
Saft von einer 1/4 Zitrone
40 g Blütenhonig
60 g Zucker
1/2 TL Salz
5 schwarze Pfefferkörner
3 Wacholderbeeren
4 Pimentkörner

Die Kiwis schälen und in dicke Scheiben schneiden, die Paprikaschote waschen, putzen und in breite Streifen schneiden.

Die Kiwischeiben in einer Schüssel mit dem Zitronensaft beträufeln, vermischen und 15 Minuten ziehen lassen. Die Paprikastreifen mit dem Salz bestreuen und ebenso 15 Minuten ziehen lassen.

Den Essig mit dem Honig, dem Zucker, den Pfefferkörnern, den Wacholderbeeren und den Pimentkörnern aufkochen, 10 Minuten sprudelnd kochen lassen und den Sud reduzieren. Die Paprikastreifen mit kaltem Wasser abspülen, abtropfen lassen und im Sud bei kleiner Hitze ca. 5 Minuten köcheln lassen. Die Kiwis dazugeben und weitere 5 Minuten ziehen lassen.

Die Kiwischeiben und die Paprikastreifen mit einem Siebschöpfer herausheben und in die Gläser geben. Den Sud weitere 10 Minuten sprudelnd kochen, bis er weiter reduziert ist. Danach noch kochend in die Gläser füllen. Gut verschließen und ein paar Tage ziehen lassen!

Pfeffermelonen

Die Honigmelone der Länge nach halbieren. Mit einem Löffel die Kerne und das sehr weiche, wässrige Fleisch entfernen – nur das feste Fruchtfleisch sollte übrigbleiben!

Das Fruchtfleisch aus der Schale lösen und in mundgerechte Stücke schneiden. Die Ingwerwurzel schälen und in sehr dünne Scheiben schneiden. Die Melonenstückchen und die Ingwerscheiben in eine Schüssel geben. Den Zucker mit den Pfefferkörnern, dem Cayennepfeffer und der

Süss-saure Melonenstücke (links)
Pfeffermelonen (rechts)

Muskatnuss vermengen und zu den Früchten in die Schüssel geben. Alles gut miteinander vermischen, abdecken und über Nacht an einem kühlen Ort ziehen lassen. Am nächsten Tag die Fruchtstückchen in einem Sieb gut abtropfen lassen – den Saft auffangen! Diesen Fruchtsaft mit dem Obstessig, dem Wasser und den Gewürznelken aufkochen und die Fruchtstückchen darin glasig werden lassen. Danach mit einem Siebschöpfer herausheben und in die Gläser geben.

Den Sud erneut aufkochen und so lange kochen, bis er sirupartige Konsistenz annimmt. Falls notwendig, dabei abschäumen!

Den heißen Sud in die Gläser füllen und sofort gut verschließen! Kühl, trocken und dunkel lagern!

200 ml Obstessig
62,5 ml Wasser
1 kg Honigmelone
500 g Zucker
15 g Ingwer
1/2 TL weiße Pfefferkörner
1/4 TL Cayennepfeffer
3 Gewürznelken
1 Prise Muskatnuss

Süß-saure Melonenstücke

Die Melonen der Länge nach halbieren, Kerne und das weiche Innere mit einem Löffel herauslösen und die Melonenhälften in je 4–5 Spalten schneiden. Diese Spalten noch einmal quer halbieren. Den Ingwer schälen und in Scheiben schneiden. Den Weißwein, die Essigessenz, den Honig, die Ingwerscheiben, den Sternanis und die Gewürznelken für den Sud ca. 10 Minuten kochen.

Die Melonenstücke darin ca. 5 Minuten ziehen lassen, mit dem Siebschöpfer herausnehmen und abtropfen lassen. Danach in Gläser schichten und mit dem heißen Sud übergießen. Noch heiß verschließen. Kühl lagern!

8–9 EL Essigessenz 25%
0,5 l Weißwein
0,25 l Wasser
ca. 1,5 kg Netzmelonen
300 g Honig
20 g frische Ingwerwurzel
3 Stück Sternanis
3 Gewürznelken

Weihnachtsorangen

Die Orangen gründlich waschen, in ca. 2 cm breite Scheiben schneiden und die Schale mit den Gewürznelken spicken. Die Orangenscheiben mit dem Wasser, dem Zitronensaft und dem Gewürzsäckchen (Gewürznelken, Kardamomkapseln, Zimtstange) aufkochen und 5 Minuten schwach köcheln lassen.

In der Zwischenzeit aus dem Apfelessig, dem Wasser, dem Zucker und der unbehandelten Zitronenschale einen Sud zubereiten (ca. 10 Minuten kochen lassen).

Die Orangenscheiben in Gläser schichten. Den Sud noch einmal aufkochen, heiß in die Gläser füllen und gut verschließen.

0,25 l Apfelessig
0,25 l Wasser
500 g dünnschalige, unbehandelte und kernlose Orangen
200 g Zucker
Schale von 1 unbehandelten Zitrone
Saft von 1 Zitrone
Gewürznelken
Für das Gewürzsäckchen:
2 Gewürznelken
1 kleine zerdrückte Zimtstange
3 zerdrückte Kardamomkapseln

Gemüse in Essig

Auberginen mit Roten Rüben

200 ml Apfelessig
1 kg Baby-Auberginen
250 g Rote Rüben
5 Knoblauchzehen
2 frische rote Chilischoten
2 TL Salz
0,5 l Wasser

Die Auberginen waschen, putzen und 5–8 Minuten dämpfen – die Auberginen sollten nicht zu weich werden! Die Knoblauchzehen schälen und grob hacken. Die Roten Rüben waschen, schälen und fein hobeln. Die Chilischoten waschen, trockentupfen und grob hacken.

Die Auberginen mit den übrigen Zutaten in die vorbereiteten Gläser schichten. Den Apfelessig und das Wasser mit dem Salz aufkochen. Das Gemüse mit dem Sud übergießen, mit Holzspateln fixieren und die Gläser verschließen. Die Auberginen eine Woche kühl stellen und anschließend bald verbrauchen.

» Unser spezieller Tipp

Falls Sie normal große Auberginen verwenden möchten, so vierteln Sie diese am besten.

Auberginen in Weißweinessig

500 g Auberginen
6 Knoblauchzehen
150 ml Weißweinessig
350 ml Wasser
120 g Honig
1 getrocknete Chilischote

Die Auberginen waschen, der Länge nach halbieren und in 1 cm breite Scheiben schneiden. Den Knoblauch schälen. Den Essig, den Honig, das Wasser und die Chilischoten 5 Minuten kochen lassen. Anschließend die Auberginen und den Knoblauch noch 3 Minuten mitkochen, die Chilischote entfernen. Die Auberginen und den Knoblauch in die vorbereiteten Gläser füllen und mit dem heißen Sud bedecken. Die Gläser sofort verschließen und die Auberginen durchziehen lassen. Genießen Sie diese Spezialität innerhalb von 2 Wochen.

Essiggurken mit Schalotten

1 l Weißweinessig
1 l Wasser
1,5 kg kleine Gurken
3 EL Salz
12 Schalotten
5 Zweige Dillkraut
2 TL bunte Pfefferkörner
3 TL Senfkörner
2 kleine Lorbeerblätter

Die Gurken unter fließendem Wasser mit einer Bürste gründlich reinigen und die Stielenden entfernen. Danach in eine Schüssel geben, mit dem Salz bestreuen, das Wasser zugießen, vermischen und 24 Stunden ziehen lassen.

Die Gurken aus der Lake nehmen und kurz mit fließendem, kaltem Wasser abspülen. Die Schalotten schälen und in Ringe schneiden. Das Dillkraut grob hacken. Die Gurken mit dem Dill, den Schalotten, den Lorbeerblättern, den Pfeffer- und Senfkörnern dicht in die Gläser füllen.

Den Weißweinessig aufkochen lassen und sofort gleichmäßig auf die Gläser verteilen. Gut verschließen und vor dem Verzehr mindestens 14 Tage ziehen lassen!

» Unser spezieller Tipp

Für eine längere Haltbarkeit empfiehlt es sich, die Essiggurken mit Schalotten für 30 Minuten im Wasserbad zu sterilisieren.

Pikante Essiggurken

0,5 l Apfelessig
2 l Wasser
1 kg Gurken
40 g Kren
3 kleine Chilischoten
3 Zweige Dillkraut
125 g Meersalz
125 g Zucker
1 EL Salz
2 TL bunte Pfefferkörner
1 TL Wacholderbeeren
1 Lorbeerblatt

Die Gurken unter fließendem Wasser mit einer Bürste gründlich reinigen und die Stielenden entfernen. Danach in eine Schüssel geben und mit dem Meersalz bestreuen, 1,5 l Wasser zugeben, vermischen und 24 Stunden ziehen lassen.

Die Gurken aus der Lake nehmen und kurz mit fließendem, kaltem Wasser abspülen.

Den Kren schälen und in Scheiben schneiden. Die Chilischoten waschen, entkernen und in Ringe schneiden. Das Dillkraut grob hacken.

Den Apfelessig mit einem 1/2 l Wasser, dem Meersalz, dem Zucker, den Pfefferkörnern, den Wacholderbeeren, dem Lorbeerblatt und dem Dill einmal aufkochen lassen. Danach die Gurken in die Gläser schichten und mit dem heißen Sud übergießen. Sofort gut verschließen und vor dem Verzehr mindestens 14 Tage ziehen lassen!

» Unser spezieller Tipp

Aus dem geöffneten Glas die Gurken nur mit einem sauberen Besteck entnehmen – als dekorative Möglichkeit bieten sich Gurkenzangen aus Holz an!

Auberginen in Weißweinessig (links) und Essiggurken mit Schalotten (rechts)

Saure Essiggurken

700 ml Weinessig
300 ml Wasser
1,5 kg kleine, feste Gurken
3 EL Salz
2 TL bunte Pfefferkörner
1 TL Zucker
Salz nach Geschmack
ev. Schalotten, Dill, Senfkörner, einige Scheiben Kren, Weinblätter

Die Gurken unter fließendem Wasser mit einer Bürste gründlich reinigen und die Stielenden entfernen. Danach in eine Schüssel geben und mit den 3 EL Salz bestreuen, 1 l Wasser zugießen, vermischen und einige Stunden ziehen lassen. Die Gurken aus der Lake nehmen und mit Wasser kurz abspülen. Danach die Gurken mit einer dickeren Nadel ein paar Mal anstechen und in Gläser schichten. Dabei kann man einige Weinblätter, geschälte Schalotten, Dilldolden, Senfkörner und ein paar Scheiben frischen Kren dazwischen legen.

Den Weinessig mit 0,3 l Wasser, den Pfefferkörnern, dem Zucker und dem Salz aufkochen. Den Sud abkühlen lassen und in die Gläser füllen. Gut verschließen und kühl und dunkel lagern!

Süß-saure Essiggurken

700 ml Weinessig
300 ml Wasser
1,5 kg kleine, feste Gurken
3 EL Salz
3 EL Zucker
2 cm Zimtstange
6 Gewürznelken
Salz nach Geschmack
1 Zweig Dill
1 EL Senfkörner

Die Gurken unter fließendem Wasser mit einer Bürste gründlich reinigen und die Stielenden entfernen. Die Gurken danach in eine Schüssel legen und mit 3 EL Salz bestreuen. 1 l Wasser zugeben, vermischen und einige Stunden ziehen lassen. Das Gemüse aus der Lake nehmen und mit Wasser kurz abspülen. Danach mit einer dickeren Nadel ein paar Mal anstechen und mit dem Dill und den Senfkörnern in Gläser schichten.

Den Weinessig mit dem Wasser, dem Zucker, der Zimtstange, den Gewürznelken und dem Salz einige Minuten kochen. Den Sud abkühlen lassen und in die Gläser abseihen. Gut verschließen und kühl und dunkel lagern!

» Unser spezieller Tipp

Sollte Ihnen bei Ihren regelmäßigen Kontrollen auffallen, dass der Essig trüb wird, gießen Sie ihn nochmals ab, kochen ihn auf und füllen Sie die Gläser wieder!

Pikantes Gurkenkraut

0,5 l Apfelessig
1 l Wasser
3 kg Gurken
4 Zwiebeln
4 Paprika
2 Karotten
100–150 g Zucker
Salz nach Geschmack
1 Packung Einlegegewürz

Die Gurken schälen, entkernen und blättrig schneiden. Die Zwiebeln und die Paprika in Ringe und die Karotten in Scheiben schneiden. Alles in einer Schüssel vermengen, salzen und 3 Stunden ziehen lassen.

Den Apfelessig mit dem Wasser, dem Zucker und dem Einlegegewürz unter öfterem Umrühren aufkochen. Das Gemüse in den Sud geben und kurz aufkochen lassen. Noch heiß in Gläser füllen.

Süß-saure Gurken mit Perlzwiebeln

0,75 l Essig
1,5 kg sehr kleine Einmachgurken
300 g Perlzwiebeln
1 Chilischote
4 Zweige Estragon
500 g feiner Zucker
150 g Salz
1 EL Senfkörner
1 EL Pfefferkörner
Salzwasser zum Blanchieren

Die Gurken unter kaltem, fließendem Wasser abbürsten. Die Zwiebeln schälen.

Das Gemüse in Salzwasser 2 Minuten blanchieren, herausnehmen und abtropfen lassen.

Den Essig mit dem Zucker, dem Salz, den Senf- und Pfefferkörnern sowie der Chilischote aufkochen und 5 Minuten kochen lassen.

Den Estragon abspülen und trockentupfen.

Die Gurken, die Zwiebeln und den Estragon in die vorbereiteten Gläser schichten und mit dem kochenden Essigsud übergießen. Die Gläser sofort verschließen und kühl stellen.

Senfgurken

1,5 l Weißweinessig
0,5 l Wasser
2,5 kg gelblichweiße, feste Freilandgurken
300 g Zwiebeln
60 g Kren
350 g Zucker
2 EL Salz
1 EL Senfkörner
3 kleine Lorbeerblätter

Die Gurken schälen, die Enden entfernen, der Länge nach halbieren und die Kerne mit einem Löffel herausschaben. Das Gurkenfleisch in 2–3 cm dicke Stücke schneiden, mit 1 EL Salz bestreuen und zugedeckt über Nacht ziehen lassen. Danach die Gurkenstücke abtropfen lassen.

Das Wasser mit dem Weißweinessig, dem restlichen Salz, dem Zucker, den Senfkörnern und den Lorbeerblättern erhitzen, bis sich der Zucker gelöst hat. Den Sud abseihen und sowohl die Gewürze als auch die Flüssigkeit für die spätere Verwendung beiseite stellen.

Die Zwiebeln schälen und in Ringe schneiden. Den Kren schälen und in Scheiben schneiden. Den Sud aufkochen, die Gurkenstücke portionsweise hineingeben, kurz kochen und mit dem Siebschöpfer herausnehmen.

Süß-saure Gurken mit Perlzwiebeln (links)
Senfgurken (rechts)

Die Gurkenstücke abwechselnd mit dem Kren, den Zwiebelringen und den Gewürzen in die Gläser schichten. Mit dem Sud übergießen, bis die Gurken 1 cm mit Flüssigkeit bedeckt sind. Gut verschließen, vor dem Verzehr mindestens 3 Wochen an einem kühlen Ort ziehen lassen und kühl lagern!

Buntes Umurkengemüse

350 ml Weißweinessig
0,75 l Wasser
1 kg Gurken
400 g Zwiebeln
300 g Karotten
4 Knoblauchzehen
4 EL Zucker
2 EL Salz
1 TL schwarze Pfefferkörner
3–4 Lorbeerblätter

Die Gurken waschen, abtrocknen und in ca. 1 cm breite Scheiben schneiden. Die Zwiebeln schälen und in dünne Ringe schneiden. Die Karotten putzen, waschen und grob raffeln oder Julienne schneiden. Die Knoblauchzehen schälen und in Scheiben schneiden. Die Gurkenscheiben in einem Sieb mit 1 EL Salz vermischen und ca. 20 Minuten ziehen lassen. Danach unter fließendem, kaltem Wasser abspülen und gut abtropfen lassen.

In einer Schüssel die Zwiebelringe und die Karottenjulienne mit kochendem Wasser übergießen und ebenfalls gut abtropfen lassen.

Eine Lage Gurkenscheiben in das Glas geben, einige Knoblauchscheiben, Pfefferkörner und 1 Lorbeerblatt darauf legen und mit einer Schicht der Zwiebel-Karotten-Mischung bedecken. Nach diesem Schema das gesamte Gemüse in das Glas schichten. Dabei darauf achten, dass das Gemüse zwar fast bis zum Rand reicht, aber locker eingeschichtet wird.

Das Wasser mit dem Essig, dem Zucker und dem restlichen Salz aufkochen und bei mittlerer Hitze einige Minuten kochen.

Die heiße Essigmischung über das Gemüse gießen, so dass das Gemüse vollständig bedeckt ist. Gut verschließen und im Kühlschrank mindestens 2 Tage ziehen lassen!

Buntes Umurkengemüse – erfrischende Beilage mit feinem säuerlichen Geschmack

Maiskolben in Essig

Die Maiskolben putzen, mit dem Salz vermengen und im Kühlschrank 24 Stunden ziehen lassen. Danach die Maiskolben trockentupfen und senkrecht in die Gläser geben. Die Pfefferkörner, das Basilikum und den Kren dazwischen verteilen. Den Weißweinessig aufkochen, über die Maiskolben gießen und die Gläser gut verschließen.

0,5 l Weißweinessig
1 kg kleine Maiskolben
3 Zweige Estragon
1 EL Salz
1 TL bunte Pfefferkörner
1 TL Basilikum
1 TL geriebener Kren

Eingelegter Knoblauch

Die Knoblauchzehen schälen, die Pfefferoni feinringelig schneiden.

Den Weinessig mit dem Salz, dem Zucker, dem Thymian, den Rosmarinnadeln und den Pfefferkörnern aufkochen. Die Knoblauchzehen und Pfefferoni in diesem Sud ca. 10 Minuten kochen lassen. Anschließend noch heiß in Gläser füllen und mit dem Olivenöl abdecken. Gut verschließen und kühl aufbewahren!

200 ml Weinessig
ca. 100 ml Olivenöl
300 g Knoblauch
2 milde Pfefferoni
50 g Zucker
1 EL Salz
1 kleiner Zweig getrockneter Thymian
3–5 Rosmarinnadeln
5–8 bunte Pfefferkörner nach Geschmack

Eingelegter Knoblauch – gesund und mild im Geschmack

Knoblauch pikant

Die Knoblauchzehen schälen. Den Kräuteressig mit dem Wasser, dem Öl, dem Senf, den Senfkörnern, dem Zucker und dem Salz aufkochen und den Knoblauch in diesem Sud ca. 3 Minuten kochen lassen. Noch heiß in Gläser füllen und gut verschließen!

0,25 l Kräuteressig
0,25 l Wasser
etwas Öl
500 g Knoblauch
1/2 EL Senfkörner
1/2 EL Zucker
1 EL Salz
1/2 EL scharfer Senf

Eingelegter grüner Spargel

1 kg grüner Spargel
Salzwasser
1/2 TL Zucker
10 g Butter
400 ml Weißweinessig
150 ml Wasser
1 TL Zucker
1 kleiner Zweig Estragon
1 kleiner Zweig Thymian
5 schwarze Pfefferkörner
125 ml Rapsöl

Spargel waschen, trockentupfen und das holzige Stangenende abschneiden. Die Stangen mit Küchenspagat bündeln und in das kochende Salzwasser mit dem Zucker und der Butter geben. Den Spargel zugedeckt ca. 10 Minuten (je nach Dicke) garen, herausheben, abtropfen lassen und den Küchenspagat entfernen. Den Weißweinessig mit dem Wasser, dem Zucker, den Kräutern, den Pfefferkörnern und dem Rapsöl aufkochen. Die Spargelstangen dicht in ein hohes Glas stellen, mit der heißen Marinade übergießen, gut verschließen und zwei Tage im Kühlschrank durchziehen lassen. Ein baldiger Genuss wird empfohlen.

» Unser spezieller Tipp

Verwenden Sie hohe Einmachgläser, in denen die Spargelstangen stehend Platz finden. Ansonsten den Spargel auf die Glashöhe zurechtschneiden (die Reste können für eine Spargelsuppe verwendet werden).

Genießen Sie den Eingelegten Spargel als Vorspeise mit Rohschinken oder Frischkäse und Weißbrot.

Eingelegter Spargel mit dezenter Schärfe (links) und Eingelegter grüner Spargel (rechts)

Eingelegter Spargel mit dezenter Schärfe

Den Spargel waschen, trockentupfen, vom Kopf zum Ende hin schälen und das Stangenende abschneiden, sodass alle holzigen Teile entfernt werden. Die Stangen mit Küchenspagat bündeln und in das kochende Salzwasser mit Zucker und Butter geben. Den Spargel zugedeckt 15 Minuten (je nach Dicke) garen, herausheben, abtropfen lassen und den Küchenspagat entfernen. Die Spargelstangen dicht in ein hohes Glas stellen und den Piri Piri dazugeben. Die Zitrone waschen und dünn abschälen. Den Weißweinessig mit dem Wasser, den Gewürzen und der Zitronenschale aufkochen, heiß über den Spargel gießen und gut verschließen. Vor dem Verzehr 2–3 Wochen durchziehen lassen.

1 kg weißer Spargel
Salzwasser
1/2 TL Zucker
100 g Butter
0,25 l Weißweinessig
0,25 l Wasser
1 unbehandelte Zitrone
1 Lorbeerblatt
5 schwarze Pfefferkörner
1 TL Zucker
1 Piri Piri je Glas

» Unser spezieller Tipp

Verwenden Sie hohe Einmachgläser, in denen die Spargelstangen stehend Platz finden. Ansonsten den Spargel auf die Glashöhe zurechtschneiden (die Reste können für eine Spargelsuppe verwendet werden).

Eingelegter Spargel

Den Spargel waschen (grünen Spargel nicht schälen!), gegebenenfalls das holzige Ende entfernen, anschließend in Salzwasser (auf 1 l Wasser verwendet man 1 TL Salz) mit den Zitronenscheiben ca. 8 Minuten lang kochen und im Salzwasser erkalten lassen.

3/4 l des Kochwassers abmessen und mit Weißweinessig, dem Zucker und den Pfefferkörnern ca. 5 Minuten kochen. Man kann zu dieser Flüssigkeit – je nach Geschmack – nochmals Salz zugeben.

Den Spargel mit den Köpfen nach oben in hohe Gläser stellen, den Estragon oder die Weinraute dazwischen stellen und mit dem kochendheißen Sud übergießen. Gut verschließen!

0,25 l Weißweinessig
1 kg grüner Spargel
Salzwasser
2 Scheiben von 1 unbehandelten Zitrone
3 EL Zucker
10 weiße Pfefferkörner
Salz
2 Zweige frischer Estragon

» Unser spezieller Tipp

Den idealen Garzustand bei Spargel können Sie einfach überprüfen: Legen Sie den Spargel über eine Gabel und heben Sie diese hoch. Biegen sich die Spargelenden leicht nach unten, ist der optimale Garzustand erreicht!

Rettich süß-sauer

Die Rettiche waschen, schälen und in 3 mm dicke Scheiben hobeln. Den Apfelessig mit dem Zucker, den Pfefferkörnern, dem Muskat und den Senfkörnern aufkochen. In diesen Sud die Rettichscheiben einlegen und glasig dünsten. Den Rettich anschließend herausheben und den Sud ca. 10 Minuten einkochen. Die Rettichscheiben in die Gläser schichten und mit dem heißen Sud übergießen. Gut verschließen und kühl lagern!

0,5 l Apfelessig
1 kg Rettich
750 g Zucker
1/2 TL Pfefferkörner
1/2 TL Muskat
1 EL Senfkörner

Karotten süß-sauer

700 ml Apfelessig
700 ml klarer Apfelsaft
1 TL Olivenöl
1 kg gleich große Karotten
1 Stange Porree
1 Knoblauchzehe
250 g Zucker
1 Lorbeerblatt
1 TL Salz
2 Stück Sternanis
2 Gewürznelken
5 Pimentkörner
1/2 TL Currypulver
1/2 EL Fenchel- oder Anissamen

Die Karotten schälen, waschen und der Länge nach vierteln. Die Porreestange putzen, waschen und ebenfalls der Länge nach vierteln. Die Knoblauchzehe schälen und vierteln.

In einem großen, breiten Topf das Öl erhitzen und den Knoblauch sowie das Lorbeerblatt zugeben. Erhitzen, bis sie duften. Danach mit dem Apfelessig und dem Apfelsaft aufgießen. Den Zucker, das Salz, den Sternanis, die Gewürznelken, die Pimentkörner, das Currypulver und die Fenchel- oder Anissamen unterrühren und aufkochen lassen.

Die Karotten in diesem Sud bei schwacher Hitze ca. 15–20 Minuten garen – sie sollten noch knackig sein. Ca. 5 Minuten vor Ende der Garzeit den Porree zugeben. Vom Herd nehmen und an einem kühlen Ort 3 Tage zugedeckt im Sud ziehen lassen.

Anschließend die Karotten und den Lauch aus dem Sud heben und in der Länge so zurecht schneiden, dass sie aufrecht in die Gläser passen. In die Gläser stellen. Den Sud nochmals kräftig aufkochen und die Gläser damit auffüllen. Die Karotten und der Lauch müssen völlig mit Sud bedeckt sein! Gut verschließen und an einem kühlen und dunklen Ort lagern! Vor der Verwendung mindestens 2 Wochen ziehen lassen!

Karottensalat

400 ml Obstessig
400 ml Wasser
1 kg Karotten
1 säuerlicher Apfel
1 große Zwiebel
Saft von einer 1/2 Zitrone
60 g Zucker
1/2 EL Salz
1/2 EL bunte Pfefferkörner
1/2 TL Senfkörner
1/2 TL Anissamen
1 Lorbeerblatt
1 Prise Senfpulver
Salzwasser

Die Karotten putzen und waschen. Den Apfel schälen, vierteln und entkernen.

Die Karotten und den Apfel fein raspeln und sofort mit dem Zitronensaft vermischen, damit ein Braunwerden verhindert wird.

Das Karotten-Apfel-Gemisch ca. 3 Minuten in Salzwasser blanchieren. Danach in einem Sieb gründlich abtropfen lassen und in Gläser füllen.

Die Zwiebeln schälen, grob schneiden und zusammen mit dem Obstessig, dem Wasser, dem Zucker, dem Salz, den Pfeffer- und Senfkörnern, den Anissamen, dem Lorbeerblatt und dem Senfpulver ca. 8 Minuten kräftig kochen. Den Sud kochendheiß durch ein Sieb in die Gläser gießen, diese gut verschließen und abkühlen lassen. Ein baldiger Verzehr ist zu empfehlen!

Karotten süß-sauer – diese süß-pikanten Karotten schmecken vorzüglich

Karotten-Sellerie-Mix

Den Sellerie und die Karotten in feine Streifen schneiden oder grob raspeln. Die Zwiebeln schälen und in dünne Ringe schneiden. Den Sellerie, die Karotten, die Zwiebeln und das Salz gut vermengen und ca. 2 Stunden ziehen lassen. Mit der Hand kurz durchdrücken. Den Dill und die Orangenschale unter die Gemüsemischung geben und locker in Gläser schichten.

Den Essig, das Wasser, den Zucker und den Orangensaft aufkochen und 2–3 Minuten kochen lassen, gut abschäumen. Den Sud in die Gläser gießen, gut verschließen und vor der Verwendung 1 Woche durchziehen lassen.

0,5 l Weißwein- oder Apfelessig
150 ml Wasser
1 EL Zucker
Saft von 1 unbehandelten Orange
1 kg geschälter Sellerie
5 große Karotten
2 Zwiebeln
Salz nach Geschmack
2 EL Dill
in Streifen geschnittene Schale der unbehandelten Orange

Gewürzkürbis

Den Knoblauch schälen und grob schneiden. Die Chilischoten nach dem Entkernen in dünne Ringe schneiden. Beides mit dem Rotweinessig, dem Zucker, den Pfefferkörnern, den Gewürznelken und dem Lorbeerblatt kochen, bis sich der Zucker gelöst hat.

Das Kürbisfleisch in 2 x 2 cm große Würfel schneiden und portionsweise im Sud ca. 4–5 Minuten glasig kochen. Mit einem Siebschöpfer herausnehmen, abtropfen lassen und in die Gläser füllen. Danach den Sud kochendheiß über die Kürbisstückchen gießen, bis diese vollständig bedeckt sind. Sofort verschließen und kühl lagern!

0,5 l Rotweinessig
600 g Kürbisfleisch (geputzt gewogen)
2 getrocknete, rote Chilischoten
1 Knoblauchzehe
250 g Zucker
1 TL schwarze Pfefferkörner
2 Gewürznelken
1 Lorbeerblatt

Karotten-Sellerie-Mix (links)
Gewürzkürbis (rechts)

Kürbis mit Ingwer

0,25 l Weinessig
125 ml Wasser
1 kg Kürbis
500 g Zucker
20 g frische Ingwerwurzel
1/2 TL Kurkuma

Den Kürbis in Spalten schneiden, schälen, die Kerne und das weiche Innere entfernen und die Spalten in gleich große Stücke schneiden. Die Ingwerwurzel schälen und in dünne Scheiben schneiden. Kürbis- und Ingwerstücke miteinander vermengen. Den Weinessig, das Wasser und die Kurkuma aufkochen, über die Kürbis-Ingwer-Mischung gießen und zugedeckt 24 Stunden stehen lassen. Danach das Essigwasser abgießen und mit dem Zucker aufkochen. In diesem Essig-Zucker-Sud werden die Kürbisstücke portionsweise glasig gekocht. Die Kürbisstücke und den Ingwer in Gläser füllen und mit dem heißen Sud übergießen. Gut verschließen und rasch verbrauchen!

Kürbis mit Orangen

60 ml Weinessig
0,75 l Wasser
1 kg Kürbis
Saft und Zesten von 2 unbehandelten Orangen
100 g Zucker
3 Gewürznelken
1 Zimtstange

Den Kürbis schälen, die Kerne und das weiche Innere mit einem Löffel entfernen und in nicht zu dünne Stifte schneiden.

Den Weinessig mit 125 ml Wasser verdünnen, über die Kürbisstifte leeren und 1 Tag ziehen lassen.

Die Kürbisstifte mit einem Siebschöpfer herausnehmen und abtropfen lassen. Das restliche Wasser mit dem Zucker, dem Zimt, den Nelken und den Orangenzesten kochen. Die marinierten Kürbisstifte in diesem Sud weich garen. Den Orangensaft zugeben und in Gläser füllen. Gut verschließen und im Kühlschrank aufbewahren! Nur zum baldigen Verzehr geeignet!

Kürbis süß-sauer

0,25 l Weißweinessig
0,25 l Wasser
1 kg Kürbis
1/2 in Scheiben geschnittene, unbehandelte Zitrone
250 g Zucker
4 Pimentkörner
4 Gewürznelken
1 TL Senfkörner
1 Zimtstange

Den Kürbis in Spalten schneiden, die Kerne und das weiche Innere mit einem Löffel entfernen, die Kürbisspalten anschließend schälen und in gleich große Stücke schneiden.

Den Weißweinessig mit dem Wasser, dem Zucker, den Pimentkörnern, den Gewürznelken, den Senfkörnern und der Zimtstange aufkochen. In diesem Sud werden die Kürbisstücke portionsweise glasig gekocht. Abtropfen lassen, in Gläser füllen und die Zitronenscheiben zugeben. Mit dem heißen Sud übergießen, gut verschließen und rasch verbrauchen!

Rote Rüben im Glas

Die Roten Rüben schälen und in dünne Scheiben hobeln. Den Apfel waschen, schälen, entkernen und in Würfel schneiden. Die Zwiebel schälen und in dünne Ringe schneiden. Die Roten Rüben, die Apfelstücke und die Zwiebelringe abwechselnd mit den Pfefferkörnern, den Gewürznelken und den Lorbeerblättern in ein Glas schichten. Den Weinessig, das Wasser, den Kren, den Zucker, das Salz und den Kümmel aufkochen und heiß über die Rüben gießen. Gut verschließen und kühl lagern.

0,25 l Weinessig
100 ml Wasser
1 Scheibe Kren
Zucker nach Geschmack
Salz nach Geschmack
1 TL Kümmel
1 kg gekochte Rote Rüben
1 großer Apfel
1 große Zwiebel
12 Pfefferkörner
6 Gewürznelken
2 kleine Lorbeerblätter

» Unser spezieller Tipp

Sie können die Roten Rüben im Glas sofort genießen, sie eignen sich aber auch zur längeren Lagerung!

Paprika süß-sauer

Die Paprika waschen, halbieren, entkernen und einige Minuten in kochendem Wasser blanchieren. Die Zwiebeln und die Knoblauchzehen schälen, halbieren und mit den Paprikahälften in Gläser schichten. Den Weißweinessig mit dem Zucker, dem Salz, den Pfefferkörnern und den Lorbeerblättern aufkochen und kochendheiß über das Gemüse in den Gläsern gießen. Sofort verschließen, abkühlen lassen und kühl lagern!

0,75 l Weißweinessig
1 kg Paprika (rote, grüne, gelbe)
3 kleine Zwiebeln
3 Knoblauchzehen
200 g Zucker
1 TL Salz
1 TL weiße Pfefferkörner
3 Lorbeerblätter

Paprika süß-sauer – ein Blickfang am Jausenteller

Tomaten-Zwiebel-Topf

400 ml Kräuteressig
500 g Zucker
1,5 kg kleine, feste Tomaten
500 g kleine Zwiebeln
1 Zweig Estragon
1 TL Salz
1 TL schwarze Pfefferkörner

Die Tomaten waschen, entstielen, abtrocknen und mehrmals anstechen.

Die Zwiebeln schälen, gemeinsam mit den Tomaten und dem Kräuteressig in eine Schüssel geben und über Nacht an einem kühlen Ort ziehen lassen.

Am nächsten Tag den Essig wieder abgießen und diesen mit dem Zucker, dem Salz und den Pfefferkörnern aufkochen. Die Zwiebeln in diesem Sud garen, herausnehmen und bis zur Weiterverarbeitung zur Seite geben.

Den Estragon waschen und trockentupfen. Die Tomaten, die Zwiebeln und den Estragon in die vorbereiteten Gläser schichten. Die Essigmischung zu einem dünnen Sirup einkochen und die Gläser damit auffüllen. Gut verschließen und bis zum Verzehr kühl lagern!

Eingelegter Sellerie

1 l Zitronenessig
0,5 l Wasser
2 kg kleine Sellerieknollen
3 Zwiebeln
1/2 Bund Petersilie
1 Zweig Estragon
2 Zweige Dill
125 g Vollrohrzucker
1 EL weiße Pfefferkörner
1 EL Senfkörner
1–2 Lorbeerblätter
2 Gewürznelken
2 TL Salz

Die Sellerieknollen unter kaltem, fließendem Wasser gründlich bürsten und schälen.

Das Salz mit dem Zitronenessig und dem Wasser aufkochen, die Sellerieknollen hineingeben, nochmals aufkochen lassen und anschließend bei schwacher Hitze ca. 20 Minuten köcheln. Die Sellerieknollen sollen nicht ganz gar werden! Die Knollen herausnehmen, abkühlen lassen und Julienne schneiden.

Die Zwiebeln schälen und in Ringe schneiden.

Die Petersilie, den Estragon und den Dill waschen und gründlich trockentupfen. Anschließend zerkleinern (ohne Stängel) und mit den Selleriestreifen und den Zwiebelringen in die vorbereiteten Gläser schichten.

Den Kochsud mit dem Zucker, den Pfeffer- und Senfkörnern, den Lorbeerblättern und den Gewürznelken aufkochen und ca. 5 Minuten einkochen lassen. Den Schaum entfernen und den Sud in die Gläser füllen. Kühl und trocken lagern! Vor dem Verzehr 1 Monat ziehen lassen!

» Unser spezieller Tipp

Besonders köstlich schmeckt dieses Rezept mit dem Zitronenessig aus diesem Buch!

Cocktailtomaten

0,75 l Essig
500 g Cocktailtomaten
100 g Zucker
1 Chilischote
5 Basilikumblätter
10 Korianderkörner
10 schwarze Pfefferkörner
2 Pimentkörner
2 Gewürznelken
1/2 Zimtstange

Die Cocktailtomaten entstielen, waschen, mehrfach mit dem Zahnstocher anstechen und mit den Basilikumblättern in Gläser schichten.

Den Essig mit dem Zucker, der Chilischote, den Koriander-, Pfeffer- und Pimentkörnern sowie den Gewürznelken und der halben Zimtstange aufkochen. Noch heiß über die Tomaten gießen, so dass der Sud mindestens 2 cm über den Tomaten steht. Mit einer Holzspatel fixieren und gut verschließen. Vor der Verwendung mindestens 4–6 Wochen ziehen lassen!

Cocktailtomaten – geschmacklich und auch optisch eine sehr delikate Beilage

Mediterrane Kräuter-Zucchini

125 ml milder Weinessig
300 ml Olivenöl
1,25 kg Zucchini
5 Knoblauchzehen
2 TL Salz
5 Basilikumblätter
1 Zweig Oregano
1 kleiner Bund Petersilie
Salz
Pfeffer
Öl zum Frittieren

Die Zucchini waschen, die Enden entfernen und in ca. 0,5 cm dicke Scheiben schneiden. Diese auf ein Küchentuch legen, mit etwas Salz bestreuen und ca. eine 1/2 Stunde ziehen lassen. Danach die Zucchinischeiben mit Küchenpapier abtupfen, wenden und den Vorgang wiederholen.

In einer großen Pfanne 3 Finger hoch Öl erhitzen und die Zucchini darin portionsweise hellbraun frittieren, mit einem Siebschöpfer herausnehmen und auf Küchenpapier gut abtropfen lassen.

Den Knoblauch schälen, in dünne Scheiben schneiden, salzen und zu einer feinen Paste zerdrücken. Die Kräuter hacken.

Den Weinessig mit dem Salz, dem Pfeffer, den Kräutern, dem Knoblauch und dem Olivenöl verrühren. Die Zucchini mit der Marinade vermischen, in Gläser füllen und gut verschlossen mindestens 24 Stunden im Kühlschrank ziehen lassen.

›› Unser spezieller Tipp

Mit der flachen Seite einer Messerklinge lässt sich Knoblauch gut zu einer Paste zerdrücken!

Zucchinisalat

0,5 l milder Essig
0,25 l Wasser
1 kg Zucchini
2 gelbe Paprika
3 große Zwiebeln
100 g Karotten
100 g Sellerie
4 Knoblauchzehen
180 g Zucker
3 TL Salz
1 TL Senfkörner
1 TL Pimentkörner
1 TL Pfefferkörner
2 Lorbeerblätter
3 Ysopblätter

Die Zucchini waschen und fein hobeln. Die Karotten und den Sellerie putzen, schälen und ebenso fein hobeln. Die Zwiebeln schälen und in dünne Ringe schneiden. Die Paprika waschen, entkernen und in dünne Streifen schneiden. Das Gemüse miteinander vermengen.

Den Essig mit dem Wasser, dem Salz, dem Zucker, dem Knoblauch, den Lorbeer- und Ysopblättern sowie den Senf-, Piment- und Pfefferkörnern aufkochen. Das Gemüse beigeben und ca. 8 Minuten kochen, in Gläser füllen und gut verschließen.

Der Süden lässt grüßen!

Eingelegte Zucchini

0,5 l Essig
1,5 l Wasser
3 kg Zucchini
3 rote Paprika
2 große Zwiebeln
150 g Zucker
2–3 EL Salz
1 EL Einlegegewürz

Die Zucchini gut waschen und in 0,5 cm dicke Scheiben schneiden. Die Zwiebeln schälen und fein hobeln. Die Paprika waschen, putzen und in Ringe schneiden. Das Gemüse mischen, salzen, nochmals vermengen und ca. 20 Minuten ziehen lassen.

Den Essig mit dem Wasser, dem Zucker und dem Einlegegewürz aufkochen und das Gemüse darin ca. 3 Minuten köcheln lassen. Noch heiß in Gläser füllen und gut verschließen!

» Unser spezieller Tipp

Die eingelegten Zucchini sind eine ideale Ergänzung zu einer kalten Jause!

Zwiebel-Paprika-Pickles

Die Zwiebeln schälen und in dünne Ringe schneiden. Die roten und gelben Paprika waschen, putzen und in dünne Ringe schneiden.

Das geschnittene Gemüse in einer Schüssel mit 4 EL Salz bestreuen, vermischen und abgedeckt ca. 2 Stunden ziehen lassen. Anschließend die Flüssigkeit abgießen, das Gemüse mit kaltem Wasser abspülen und in einem Sieb abtropfen lassen.

Den Essig mit dem Zucker, der Pfefferminze, dem Paprikapulver, den Dillsamen und dem Salz aufkochen und bei schwacher Hitze 5 Minuten köcheln.

Das Gemüse in das Glas füllen und mit dem kochenden Sud übergießen, so dass das Gemüse vollständig bedeckt ist. Sofort verschließen und mindestens 7 Tage ziehen lassen!

1 l Weißwein- oder Apfelessig
1,25 kg Zwiebeln
3 rote Paprika
2 gelbe Paprika
100 g Zucker
4 EL Salz
2 EL getrocknete Pfefferminze
2 EL Paprikapulver
2 EL Dillsamen
2 TL Salz

Eingelegte Zucchini (links)
Zwiebel-Paprika-Pickles (rechts)

Essiggemüse

0,5 l Weißweinessig
0,25 l Wasser
1 kleine Fenchelknolle
1 grüne Paprikaschote
1 rote Paprikaschote
200 g Karfiol
250 g Karotten
1 Knoblauchzehe
20 g Zucker
1 TL schwarze Pfefferkörner
1 TL Senfkörner
6 Wacholderbeeren
2 Gewürznelken
1/4 Zimtstange
Salz nach Geschmack
Salzwasser

Den Karfiol putzen, in Röschen teilen und waschen. Die Paprika waschen, putzen und in Ringe schneiden. Die Karotten gründlich waschen, putzen und in 3 mm dicke Scheiben schneiden. Die Fenchelknolle waschen, eventuelle braune Teile entfernen und dünn schneiden. Salzwasser zum Kochen bringen und darin nacheinander die verschiedenen Gemüsearten kernig kochen. Das Gemüse jeweils mit einem Siebschöpfer herausnehmen, in einem Sieb mit fließendem, kaltem Wasser abschrecken und gut abtropfen lassen.

Anschließend in Gläser schichten (je nach Geschmack gemischt oder die einzelnen Gemüsesorten in Lagen).

Den Weißweinessig mit dem Wasser, dem Zucker, dem Salz, den Pfeffer- und Senfkörnern, den Wacholderbeeren, der Zimtstange und den Gewürznelken aufkochen.

Die Knoblauchzehe schälen, fein hacken und dazugeben. Den Sud so lange köcheln lassen, bis sich der Zucker und das Salz aufgelöst haben. Danach kosten und eventuell nachwürzen. In die Gläser gießen und diese nach dem Erkalten gut verschließen. Vor dem Verzehr ca. 3 Wochen kühl lagern!

» Unser spezieller Tipp

Das Essiggemüse ist nicht nur eine hervorragende Beilage zu einer kalten Jause, sondern eignet sich auch ab und zu als „Salatersatz" beim Mittagessen!

Ratatouille-Gemüse

1 EL Weinessig
3 EL Olivenöl
ca. 100 ml Wasser (je nach Wassergehalt des verwendeten Gemüses)
400 g gelbe Paprika
400 g rote Paprika
3 mittelgroße Zwiebeln
4 Zehen Knoblauch
3–4 reife Tomaten
10 frische Basilikumblätter
Salz nach Geschmack
Pfeffer nach Geschmack

Die Paprika gründlich waschen, putzen und in mundgerechte Stücke schneiden. Die Zwiebeln und die Knoblauchzehen schälen und in kleine Stücke schneiden. Die Tomaten waschen, die Stielansätze entfernen und in Viertel teilen.

Die Basilikumblätter unter fließendem, kaltem Wasser waschen und zerkleinern.

Die Paprikastücke mit den Tomatenvierteln, den Zwiebel- und Knoblauchstücken, dem Weinessig, dem Öl und dem Wasser in einem Topf zugedeckt bei starker bis mittlerer Hitze ca. 15 Minuten lang dünsten – ab und zu umrühren, eventuell Wasser nachgießen! Anschließend nach Geschmack Salz und Pfeffer zufügen.

Das Gemüse mit dem Basilikum in die Gläser füllen und gut verschließen. Kühl lagern und bald verbrauchen!

» Unser spezieller Tipp

Variieren Sie nach Ihrem Geschmack! Versuchen Sie dieses Rezept auch einmal mit einem Zweig Thymian!

Mit dem Ratatouille-Gemüse beeindrucken Sie Ihre Gäste bei kalten Buffets. Als Vorspeise servieren Sie das Ratatouille-Gemüse mit hauchdünnem Parmaschinken und fein gehobeltem Parmesan. Für längere Haltbarkeit ist das Sterilisieren notwendig.

Piccalilli

Zutaten umseitig

Die Karotten waschen, putzen und in 4 mm dicke Scheiben schneiden. Den Karfiol in Röschen teilen, waschen und gut abtropfen lassen. Die Fisolen waschen, putzen und in 2 cm lange Stücke schneiden. Den Kohlrabi putzen, waschen, schälen und in kleine Würfel schneiden. Die Ho-

Essig-Gemüse (links) und Ratatouille-Gemüse (rechts)

1 l Gewürzessig
400 g Karotten
150 g Fisolen
250 g Karfiol
250 g Kohlrabi
250 g Honigmelone
200 g kernlose, grüne Trauben
125 g Salz
400 g gelbe Senfkörner
1 EL gemahlene Kurkuma

nigmelone schälen, entkernen und klein würfeln. Die Trauben waschen und gut abtropfen lassen.

Das Gemüse und das Obst in eine große Glasschüssel geben und mit kaltem Wasser bedecken. 100 g Salz darin auflösen. Alles beschweren und ca. 24 Stunden ziehen lassen.

Anschließend das Obst und das Gemüse abgießen, unter fließendem, kaltem Wasser abspülen, gut abtropfen lassen und in eine große Schüssel füllen. Die Senfkörner grob mahlen und dazu geben.

Den Gewürzessig mit der Kurkuma und dem restlichen Salz aufkochen und 10 Minuten sprudelnd kochen. Diese Mischung kochendheiß über das Gemüse und Obst gießen und gut vermischen. In die vorbereiteten Gläser füllen und gut verschließen. Sie können das Piccalilli sofort genießen, durch längeres Lagern wird es aber noch besser!

» Unser spezieller Tipp

Kosten Sie das Gemüse und das Obst nach dem 24-stündigen Ziehen im Salzwasser! Sollten Sie feststellen, dass es für Ihren Geschmack zu salzig schmeckt, empfiehlt es sich, das Obst und das Gemüse für 10 Minuten in kaltes Wasser zu legen.

Piccalilli ist in unseren Breiten eine „exotische“ Beilage zu Käseplatten.

Pusztakraut

0,5 l Weißweinessig
0,5 l Wasser
100 ml Öl
1 kleiner Krautkopf
5 grüne Paprika
5 rote Paprika
2 gelbe Paprika
3 Karotten
3 Zwiebeln
100 g Zucker
2 EL Salz
1 EL Senfkörner
1 TL weiße Pfefferkörner
1 TL schwarze Pfefferkörner
3 Lorbeerblätter

Die Paprika waschen, putzen und in Streifen schneiden. Die Zwiebeln schälen und in Ringe schneiden. Das Kraut fein hobeln und waschen. Die Karotten putzen und in dünne Scheiben schneiden. Das Gemüse in eine große Schüssel geben, mit dem Salz vermengen und über Nacht ziehen lassen.

Am nächsten Tag den Weißweinessig mit dem Wasser, dem Zucker, den Senf- und Pfefferkörnern sowie den Lorbeerblättern aufkochen. Das Gemüse mit der Hand ausdrücken (dadurch wird das Kraut mürber), in den kochenden Sud geben, kurz aufkochen lassen. Danach das Gemüse mit einem Siebschöpfer aus dem Sud heben und dicht in die vorbereiteten Gläser füllen. Den Essigsud nochmals aufkochen und noch heiß über das Gemüse gießen. Die Oberfläche mit Öl bedecken und gut verschließen!

» Unser spezieller Tipp

Sie können diese bei uns gängige Beilage leicht und schnell nach eigenem Belieben abändern!

Pilze in Essig

Eingelegte Champignons

Die Champignons putzen, größere Champignons halbieren oder vierteln. Ca. 4 Minuten in Salzwasser kochen. Den Weißweinessig mit dem Wasser, den Schalotten, dem Kräutersalz, dem Zucker, dem Lorbeerblatt, dem Estragon und dem Borretsch ca. 15 Minuten aufkochen. Die Champignons in den Sud geben und weitere 15 Minuten kochen. Die Pilze mit einem Siebschöpfer herausheben und in Gläser schichten. Den Sud erkalten lassen und über die Champignons gießen. Die Gläser gut verschließen und den Inhalt nach dem ersten Öffnen rasch verbrauchen.

125 ml Weißweinessig
125 ml Wasser
500 g kleine, feste Champignons
2 Schalotten
1 Zweig Estragon
1 Blatt Borretsch (Gurkenkraut)
1/2 TL Kräutersalz
1 Prise Zucker
1 Lorbeerblatt

Eingelegte Champignons – eine bekömmliche, leichte Vorspeise oder Beilage

Eier in Essig

Wachteleier in Essigmarinade

400 ml Weißweinessig
10 Wachteleier
1 Zwiebel
2–3 Stück eingelegte Piri-Piri
2 Zweige Estragon
1 cm frische Ingwerwurzel
1 TL weiße Pfefferkörner

Die Wachteleier ca. 3 Minuten hart kochen und mit dem Estragon in ein Glas geben. Die Zwiebel schälen und in Ringe schneiden. Die geschälte Ingwerwurzel in dünne Scheiben schneiden. Den Weißweinessig aufkochen, die Zwiebelringe, die Ingwerscheiben und die Pfefferkörner dazugeben. Den Essigsud lauwarm über die Eier gießen. Im Kühlschrank aufbewahren und innerhalb einer Woche verbrauchen!

» Unser spezieller Tipp

Eier in Essigmarinade wirken auf kalten Platten besonders dekorativ und schmecken ausgezeichnet.

Wachteleier in Essig eingelegt – eine besondere Spezialität

Fische in Essig

Bismarckheringe in Rahmsoße

Die Heringe mit Wasser bedecken und ca. 6 Stunden kalt stellen. Während dieser Zeit muss das Wasser ein- bis zweimal erneuert werden. Danach abspülen, gut trockentupfen und in eine Schüssel legen.

Die Zwiebeln schälen und in dünne Ringe schneiden. Den Apfel schälen, entkernen und in dünne Scheiben schneiden. Die Essiggurken gut abtropfen lassen und ebenso in dünne Scheiben schneiden. Alles zusammen mit den Lorbeerblättern, den Pfeffer- und Senfkörnern über die Heringe schichten.

Den Apfelessig mit dem Sauerrahm vermischen und darübergießen. Die Heringe gut abdecken und im Kühlschrank vor dem Verzehr 2–3 Tage ziehen lassen. Zum baldigen Genuss bestimmt!

6 EL Apfelessig
375 ml Sauerrahm
16 Salzheringsfilets
4 Zwiebeln
1 säuerlicher Apfel
2 Essiggurken
3 kleine Lorbeerblätter
1 TL bunte Pfefferkörner
1 TL Senfkörner

» Unser spezieller Tipp

Bismarckheringe in Rahmsoße können vor dem Verzehr je nach Geschmack mit Salz, Pfeffer oder Zucker abgeschmeckt werden!

Bratheringe

Die Heringe schuppen, ausnehmen, waschen und mit Küchenpapier trockentupfen. Die Köpfe entfernen, die Fische in Butter auf beiden Seiten goldgelb braten und in eine Schüssel legen.

Die Zwiebel schälen und ringelig schneiden.

Den Weißweinessig mit dem Wasser, dem Salz, dem Zucker, den Pfefferkörnern und den Lorbeerblättern aufkochen lassen. Die Marinade vollständig auskühlen lassen und über die Fische gießen. Vor dem Verzehr mindestens einen Tag im Kühlschrank ziehen lassen. Zum baldigen Konsum empfohlen!

0,75 l Weißweinessig
0,25 l Wasser
10 grüne Heringe
1 große Zwiebel
125 g Butter
4 TL Salz
1 TL Zucker
10 Pfefferkörner
2 Lorbeerblätter

Heringe in Oberssoße

Die Heringsfilets abspülen, trockentupfen und in mundgerechte Stücke schneiden.

Die Zwiebeln in dünne Ringe schneiden und ca. 2 Minuten blanchieren. Die Zwiebelringe, die Pimentkörner und die Lorbeerblätter abwechselnd mit den Fischfilets in die Gläser schichten, mit einer Lage Zwiebelringe abschließen.

Das Schlagobers mit dem Weißweinessig und dem Zucker verrühren und über die Filets gießen. Gut verschließen und im Kühlschrank 2 Tage ziehen lassen. Baldiger Verzehr empfohlen!

0,25 l Weißweinessig
350 ml Schlagobers
12 küchenfertige Heringsfilets
2 große Zwiebeln
1 EL Zucker
7 Pimentkörner
2 Lorbeerblätter

Heringe in Senfsoße

0,25 l Weißweinessig
6 ganze Salzheringe oder 12 küchenfertige Heringsfilets
3 Zwiebeln
4 Eier
1 TL bunte Pfefferkörner
2 EL Senfpulver
11/2 EL Zucker
3 Gewürznelken
1 Lorbeerblatt
1/2 TL gemahlene Kurkuma

Den Weißweinessig mit den Gewürznelken, dem Lorbeerblatt und den Pfefferkörnern aufkochen und einige Minuten schwach kochen lassen. Danach vollständig auskühlen lassen.

Die Zwiebeln in feine Ringe schneiden und etwa 2 Minuten blanchieren. Die Filets abspülen, trockentupfen und in mundgerechte Stücke schneiden.

Die Eier mit dem Zucker, dem Senfpulver und der Kurkuma verquirlen und zum Essigsud gießen. Dieses Gemisch mit dem Schneebesen so lange über Dampf rühren, bis es eindickt und einen Löffelrücken überzieht. Danach über die Zwiebeln gießen und abkühlen lassen.

Die Heringsstücke unter die Ei-Zwiebel-Senf-Soße mengen, in Gläser füllen, gut verschließen und vor dem Verzehr 3 Tage kalt stellen. Zum baldigen Genuss bestimmt!

Heringe mit Karotten und Porree

0,25 l Weißweinessig
0,25 l Wasser
8 Heringsfilets
2 Karotten
2 Zwiebeln
1 Stange Porree
200 g Zucker
1 TL bunte Pfefferkörner
1 TL Senfkörner
1/2 TL getrockneter Thymian
1 Lorbeerblatt

Verwendet man frische, grüne Heringe, so sind diese zu filetieren und alle Gräten zu entfernen. Werden Salzheringsfilets verwendet, müssen diese mit Wasser bedeckt und mindestens 12 Stunden kalt gestellt werden. Während dieser Zeit muss das Wasser ein- bis zweimal erneuert werden.

Die Fischfilets abspülen, trockentupfen und anschließend in Stücke schneiden.

Die Karotten und den Porree putzen, waschen und in Scheiben bzw. Ringe schneiden. Die Zwiebeln schälen und ringelig schneiden.

Die Filetstücke abwechselnd mit dem Gemüse in Gläser schichten, dazwischen den Thymian einstreuen. Den Weißweinessig mit dem Wasser, dem Zucker, den Pfeffer- und Senfkörnern sowie dem Lorbeerblatt aufkochen, 2 Minuten ziehen, danach vollständig auskühlen lassen. Die Gläser mit dem Sud auffüllen und 1–2 Tage (bei Verwendung von Salzheringen) bzw. 3 Tage (bei Verwendung von grünen Heringen) marinieren. Im Kühlschrank lagern und bald verzehren!

» Unser spezieller Tipp

Wenn Sie Salzheringsfilets verwenden, so reduzieren Sie die Zuckermenge nach Ihrem Geschmack. Wir empfehlen Ihnen in diesem Fall, 2 Esslöffel Zucker zu verwenden!

Marinierte Heringe

0,25 l Weißweinessig
0,25 l Wasser
8 Salzheringsfilets
500 g Schalotten
200 g Zucker
1 TL Senfkörner
5 weiße Pfefferkörner
1 Lorbeerblatt

Die Salzheringsfilets mit Wasser bedecken und mindestens 12 Stunden kalt stellen. Während dieser Zeit muss das Wasser ein- bis zweimal erneuert werden. Die Filets danach abspülen, trockentupfen und in 2 cm breite Stücke schneiden.

Die Schalotten schälen und in Ringe schneiden.

Den Weißweinessig mit dem Wasser, dem Zucker, den Senf- und Pfefferkörnern sowie dem Lorbeerblatt aufkochen, 2 Minuten ziehen und anschließend vollständig auskühlen lassen.

Die Filetstücke abwechselnd mit den Schalottenringen in Gläser schichten, mit der kalten Marinade übergießen, gut verschließen und vor Verwendung im Kühlschrank 1–2 Tage ziehen lassen. Ein baldiger Verzehr ist zu empfehlen!

Paprikaheringe

0,25 l Weißweinessig
0,25 l Wasser
8 Heringsfilets
2 Zwiebeln
2 rote Paprika
200 g Zucker
1 TL Senfkörner
1 TL bunte Pfefferkörner
1 Lorbeerblatt

Verwendet man frische, grüne Heringe, so sind diese zu filetieren und alle Gräten zu entfernen. Werden Salzheringsfilets verwendet, müssen diese mit Wasser bedeckt und mindestens 12 Stunden kalt gestellt werden. Während dieser Zeit muss das Wasser ein- bis zweimal erneuert werden.

Die Fischfilets abspülen, trockentupfen und anschließend in Stücke schneiden. Die Zwiebeln schälen und in Ringe schneiden. Die Paprika in Streifen schneiden und abwechselnd mit den Filetstücken in Gläser schichten.

Den Weißweinessig mit dem Wasser, dem Zucker, dem Lorbeerblatt, den Senf- und Pfefferkörnern aufkochen, 2 Minuten ziehen und anschließend vollständig auskühlen lassen.

Die ausgekühlte Marinade über die Paprikaheringe gießen und 1–2 Tage (bei Verwendung von Salzheringen) bzw. 3 Tage (bei Verwendung von grünen Heringen) ziehen lassen. Im Kühlschrank lagern und bald aufbrauchen!

Pikante Rollmöpse

0,25 l Weißweinessig
10 grüne Heringe
100 g Schalotten
100 g Kapern
2 Salzgurken
3 TL Salz
3 TL scharfer Senf
10 schwarze Pfefferkörner
2 Lorbeerblätter
1/2 TL Zucker

Die ganzen Heringe mit Wasser bedecken und mindestens 12 Stunden kalt stellen. Während dieser Zeit muss das Wasser ein- bis zweimal erneuert werden.

Die Heringe abtropfen lassen, trockentupfen und filetieren. Dazu trennt man Kopf und Schwanz des Herings ab. Vom Rücken aus beginnend schneidet man den Fisch am Rückgrat und am Bauch entlang bis zum Kopf ein. Mit einem scharfen Messer die Mittelgräte entfernen. Das Fischfilet der Länge nach in der Mitte durchschneiden und dabei darauf achten, dass die Haut nicht verletzt wird. Die Filets vorsichtig von der Haut ablösen, waschen und trocken tupfen.

Die Schalotten schälen und fein hacken. Die Salzgurken in kleine Würfel schneiden.

Die Schalotten und die Salzgurken mit den Kapern und dem Senf vermengen, die Heringsfilets damit bestreichen, einrollen und mit Zahnstochern feststecken. Die Rollmöpse in Gläser schichten, die Lorbeerblätter und die Pfefferkörner gleichmäßig darüber verteilen.

Den Weißweinessig mit dem Zucker und dem Salz einmal aufkochen, vollständig auskühlen lassen und anschließend über die Rollmöpse gießen. Die Gläser gut verschließen und im Kühlschrank aufbewahren! Vor dem Verzehr müssen die Rollmöpse mindestens 1 Woche ziehen.

Sherryheringe (links)
Pikante Rollmöpse (rechts)

Sherryheringe

5 EL Rotweinessig
0,25 l trockener Sherry
3 EL Olivenöl
1 kg Salzheringe
2 kleine rote Zwiebeln
3 Knoblauchzehen
100 g paprikagefüllte Oliven
1 Zweig Thymian
1 EL Zucker
1 TL grob geschroteter schwarzer Pfeffer
1 kleine getrocknete Pfefferoni

Die Heringe ausnehmen, entgräten und die dunklen Häutchen an den Innenseiten sorgfältig abziehen. Köpfe, Schwänze und Flossen entfernen und die Fische anschließend in kaltem Wasser ca. 12 Stunden ziehen lassen. Danach die Heringe herausnehmen, gut trockentupfen und in Stücke schneiden.

Den Zucker im Rotweinessig und dem Sherry durch Rühren auflösen, den Pfeffer und das Olivenöl zufügen und mit den Heringstücken vermengen.

Die Zwiebeln und die Knoblauchzehen schälen, erstere in Ringe schneiden, letztere hacken.

Die Oliven abtropfen lassen und in Scheiben schneiden.

Den Thymian unter kaltem Wasser abspülen und trockentupfen.

Die Zwiebelringe, den Knoblauch, die Olivenscheiben, den Thymian und den Pfefferoni zur Fischmischung geben, in Gläser füllen und gut verschließen. Im Kühlschrank aufbewahren und innerhalb von 1 Woche verzehren!

Schwedische Glasmeisterheringe

0,25 l Weißweinessig
0,25 l Wasser
4 Salzheringe (je 250 g)
250 g Karotten
4 rote Zwiebeln
4 cm frischer Kren
1 cm frische Ingwerwurzel
150 g Zucker
2 TL Senfkörner
10 Pimentkörner
2 Lorbeerblätter

Die Salzheringe mit Wasser bedecken und mindestens 12 Stunden kalt stellen. Während dieser Zeit muss das Wasser ein- bis zweimal erneuert werden.

Den Weißweinessig mit dem Wasser, dem Zucker, den Pimentkörnern, den Lorbeerblättern und den Senfkörnern aufkochen und abkühlen lassen.

Die Zwiebeln putzen und in Ringe schneiden. Die Karotten waschen, schälen und in Scheiben schneiden. Die Ingwerwurzel und den Kren schälen und klein würfeln.

Die Heringe abtropfen lassen, trockentupfen und filetieren. Dazu trennt man Kopf und Schwanz ab, zieht die Bauchseiten nach außen und legt den Fisch mit der Haut nach oben auf die Arbeitsfläche. Dann fährt man mit dem Daumen fest an der Mittelgräte entlang, um sie zu lockern. Danach den Fisch umdrehen und die Gräten in einem Stück herausziehen.

Die Heringe in ca. 2 cm große Stücke schneiden und mit den Karottenscheiben und den Ingwer- und Krenwürfeln in ein vorbereitetes Glas schichten. Mit der kalten Marinade auffüllen, so dass der Fisch und das Gemüse vollständig bedeckt sind.

Das Glas gut verschließen und die Heringe vor der Verwendung im Kühlschrank ca. 2–3 Tage durchziehen lassen.

» Unser spezieller Tipp

Mit Brot oder Bratkartoffeln serviert, ergeben die Schwedischen Glasmeisterheringe eine nicht alltägliche und äußerst schmackhafte Mahlzeit!

Rollmöpse in Weißweinmarinade

0,5 l Apfelessig
0,5 l trockener Weißwein
8 ganze Salzheringe
6 EL scharfer Senf
4 große Senfgurken
1 große Zwiebel
2 EL Kapern
2 TL Wacholderbeeren
1 TL Pimentkörner
2 Gewürznelken

Die Salzheringe mit Wasser bedecken und mindestens 12 Stunden kalt stellen. Während dieser Zeit muss das Wasser ein- bis zweimal erneuert werden.

Die Wacholderbeeren, die Pimentkörner und die Gewürznelken zerdrücken. Den Apfelessig mit dem Weißwein, den Wacholderbeeren, den Pimentkörnern und den Gewürznelken ca. 10 Minuten kochen. Die Marinade vollständig erkalten lassen. Die Heringe abtropfen lassen, trockentupfen und filetieren. Dazu trennt man Kopf und Schwanz ab, zieht die Bauchseiten nach außen und legt den Fisch mit der Haut nach oben auf die Arbeitsfläche. Dann fährt man mit dem Daumen fest an der Mittelgräte entlang, um sie zu lockern. Danach den Fisch umdrehen und die Gräten in einem Stück herausziehen.

Die Filets mit der Haut nach unten auf ein Brett legen und mit Senf bestreichen.

Die Zwiebeln in dünne Ringe schneiden und einige Sekunden in kochendem Wasser blanchieren.

Die Senfgurken in Streifen von 0,5 cm Breite und einer Länge, die der Breite der Heringsfilets entspricht, schneiden. Je ein Gurkenstück auf die breite Seite der filetierten Heringe legen, mit einigen Zwiebelringen und Kapern bestreuen, aufrollen und mit Zahnstochern feststecken.

Die Rollmöpse mit den restlichen Zwiebeln in die Gläser schichten – dabei mit einer Zwiebelschicht abschließen! Die Gläser mit Marinade auffüllen, so dass die Zwiebeln ganz bedeckt sind. Gut verschließen und die Rollmöpse vor dem Verzehr ca. 1 Woche kalt stellen!

» Unser spezieller Tipp

Statt Salzheringen kann man auch ungeteilte Matjes-Doppelfilets verwenden. Dabei erspart man sich das Filetieren der Fische und braucht die Doppelfilets vor der Verarbeitung nur abzuspülen und trockenzutupfen!

Die Zubereitung von pikanten Rollmöpsen

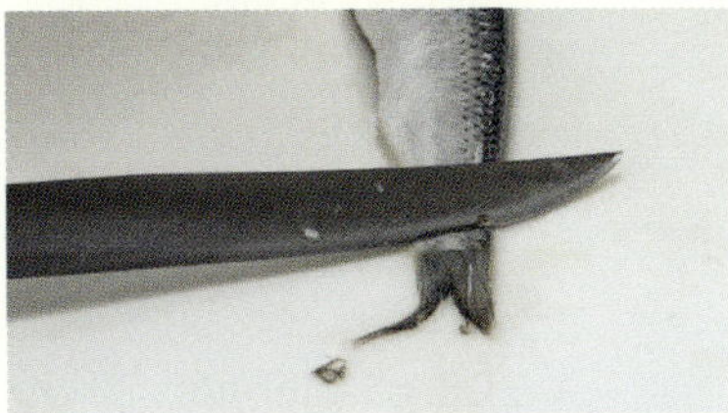

Kopf und Schwanz des Herings abtrennen.
Vom Rückgrat aus beginnend schneidet man den Fisch am Rückgrat und am Bauch entlang bis zum Kopf ein.

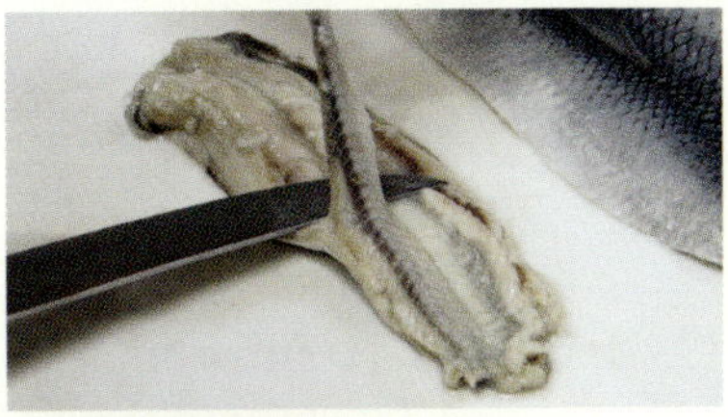

Mit einem scharfen Messer die Mittelgräte entfernen.

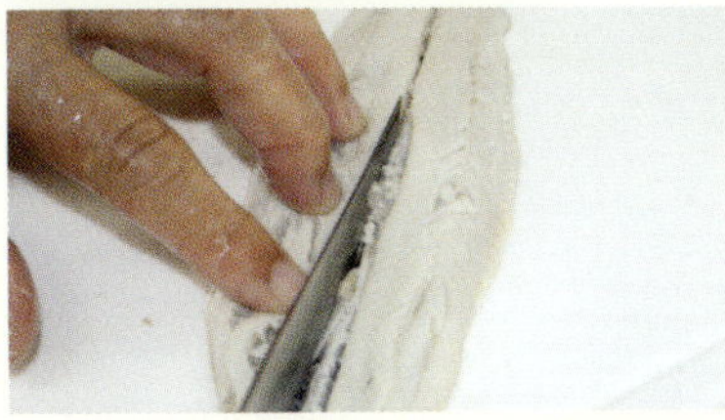

Das Fischfilet der Länge nach in der Mitte durchschneiden und dabei darauf achten, dass die Haut nicht verletzt wird.

Die Filets vorsichtig von der Haut ablösen, waschen und trocken tupfen.

Auf der Arbeitsfläche auflegen und ca. die Hälfte des Filets mit etwas Fülle bestreichen.
Ausgehend vom bestrichenen Ende eng einrollen.

Mit einem Zahnstocher gut fixieren.

Marinierte Forellen

4 kleine Forellen (küchenfertig)
2 EL Zitronensaft
2 EL Mehl
4 EL Rapsöl

200 g Zwiebeln
350 ml Wasser
350 ml Weißweinessig
1 EL getrocknete Dille
2 Lorbeerblätter
1 EL Senfkörner
2 TL Zucker
1 Chilischote
Salz

Von den Forellen Köpfe und Flossen abschneiden, waschen, trockentupfen, mit dem Zitronensaft säuern und 10 Minuten ziehen lassen. Anschließend in Mehl wenden, beidseitig in Rapsöl braten und in eine Schüssel geben.

Die Zwiebeln schälen, in feine Ringe schneiden und mit dem Wasser, dem Weißweinessig, den Kräutern und den Gewürzen aufkochen. Den Sud abkühlen lassen und über die noch warmen Fische gießen, sodass sie bedeckt sind. Die Forellen zugedeckt 1 Tag im Kühlschrank ziehen lassen und anschließend genießen.

» Unser spezieller Tipp

Sie können anstatt der Forellen auch Saiblinge oder Weißfische verwenden.

Eingelegter Lachs (links) und Marinierte Forelle (rechts)

Eingelegter Lachs

100 ml Weißweinessig
500 g Lachsfilet
2 kleine Zwiebeln
1/2 Zitrone
2 EL Zucker
11/2 TL Salz
1 TL schwarze Pfefferkörner
1/2 TL Senfkörner
1/2 TL Dillsamen
3 Gewürznelken

Die Zwiebeln schälen und in dünne Ringe schneiden. Das Lachsfilet in 2,5 cm breite Stücke schneiden. Die Hälfte der Zwiebelscheiben in einen Topf legen und den Lachs darauf schichten. Danach 1 TL Salz und den Saft der halben Zitrone dazugeben und alles mit Wasser bedecken. Vorsichtig zum Kochen bringen und ca. 1 Minute köcheln lassen. Den Lachs aus dem Topf nehmen und mit den restlichen rohen Zwiebelscheiben in das vorbereitete Glas schichten. Dabei muss die letzte Lage aus Zwiebeln bestehen.

Den Sud in einen Topf abseihen und etwas reduzieren. Danach den Weißweinessig, den Zucker, die Pfeffer- und Senfkörner, die Dillsamen, die Gewürznelken und das restliche Salz beigeben und 2–3 Minuten kochen. Den heißen Sud so in das Glas gießen, dass alle Zutaten vollständig bedeckt sind. Gut verschließen und vor dem Verzehr ca. 3 Tage kalt stellen.

›› Unser spezieller Tipp

Auch Hecht und Weißfische eignen sich gut für dieses Rezept. Sie müssen die Gräten bei diesen Fischen nicht entfernen, weil sie beim Einlegen weich und essbar werden!

Dänische Burgundermatjes

0,25 l Rotweinessig
0,25 l roter Burgunder
6–8 Matjesfilets
4 kleine, rote Zwiebeln
200 g Zucker
1 TL schwarze Pfefferkörner
1/2 TL Senfkörner
4 Wacholderbeeren
2 Gewürznelken
2 Lorbeerblätter
1 cm getrocknete Ingwerwurzel
1 kleine getrocknete Chilischote

Die Matjesfilets in kaltes Wasser einlegen – die Dauer richtet sich nach dem Salzgehalt der Fische. Ist dieser gering, so reicht 1 Stunde, es können aber auch mehrere Stunden notwendig sein.

Die Zwiebeln schälen und in Ringe schneiden.

Den Rotwein mit dem Rotweinessig, dem Zucker, den Pfeffer- und Senfkörnern, den Wacholderbeeren, den Gewürznelken, den Lorbeerblättern, dem Ingwer und der Chilischote kurz kochen. Danach die Zwiebelringe beifügen und weitere 5 Minuten bei schwacher Hitze kochen. Diese Marinade kalt werden lassen.

Währenddessen die Matjesfilets abtropfen lassen und je nach Belieben entweder im Ganzen oder in Stücke geschnitten in die vorbereiteten Gläser geben. Die erkaltete Marinade über die Matjes gießen, so dass diese vollständig bedeckt sind. Gut verschließen und vor dem Verzehr 2 Tage ziehen lassen. Innerhalb von 1 Woche verbrauchen!

›› Unser spezieller Tipp

Kräftig schmeckendes Brot wie Schwarzbrot oder Bauernbrot als Beilage zu den Dänischen Burgundermatjes ergibt eine schmackhafte kalte Mahlzeit!

Fisch-Pickles

1 l Weißweinessig
6 EL Erdnussöl
1 kg feste, frische Fischfilets (Seeteufel, Schellfisch oder Makrele)
500 g Zwiebeln
2 cm frische Ingwerwurzel
2 getrocknete Chilischoten
2 EL Braunzucker
1 EL Currypulver
5 TL Meersalz
1 TL gemahlene Kurkuma
2 kleine Lorbeerblätter

Die Fischfilets in Stücke schneiden, in einer Schüssel mit 3 TL Meersalz vermengen und ca. 2 Stunden an einem kühlen Ort ziehen lassen. Anschließend abtropfen lassen und mit Küchenpapier trockentupfen.

4 EL des Erdnussöles erhitzen und die Filets portionsweise auf jeder Seite etwa 3 Minuten braten. Sie sollten leicht gebräunt und knapp gar sein! Anschließend auf Küchenpapier gut abtropfen lassen.

Die Zwiebeln schälen und in feine Ringe schneiden. Die Ingwerwurzel schälen und fein schneiden. Die Zwiebelringe mit dem Weißweinessig, dem restlichen Meersalz, dem Braunzucker, dem Currypulver, der Kurkuma und dem Ingwer aufkochen. Die Zwiebeln halbweich garen, mit einem Siebschöpfer herausnehmen und gut abtropfen lassen.

Die Filets und die Zwiebeln abwechselnd mit der Chilischote und den Lorbeerblättern in die Gläser schichten, die letzte Lage sollten Zwiebeln sein! Den Essigsud nochmals aufkochen und über die Filets gießen. Mit dem restlichen Öl bedecken, gut verschließen und vor dem Verzehr 2 Tage ziehen lassen. Kühl lagern und bald verzehren!

Fisch-Pickles – ein feinwürziges, leichtes Abendessen

Angesetzte Essige

Basilikumessig

Die geschälte und grobgehackte Zwiebel, den Rotweinessig, die grünen Pfefferkörner und den Braunzucker aufkochen lassen. Die gewaschenen und trockengetupften Basilikumzweige in eine Flasche geben und mit dem abgeseihten Essigsud aufgießen. Die Flasche gut verschließen und vor der Verwendung ca. 1 Woche stehen lassen.

0,75 l Rotweinessig
1 rote Zwiebel
1 TL grüne Pfefferkörner
1 EL Braunzucker
2 Zweige Basilikum

Berberitzenessig

Alle Zutaten gut verrühren und in eine Flasche abfüllen. Einige Tage an einem hellen und kühlen Platz (aber nicht im Kühlschrank!) ziehen lassen.

Berberitzensaft ist im Handel erhältlich!

125 ml Weißweinessig
62,5 ml Weißwein
0,25 l Berberitzensaft

Dillessig

Die bunten Pfefferkörner, die Senfkörner, den Zucker und den Weißweinessig kurz aufkochen lassen. Die Dilldolde in eine Flasche geben und mit dem abgeseihten, noch heißen Essigsud übergießen. Gut verschließen und 2 Wochen ziehen lassen. Dann den Essig nochmals abseihen und in eine saubere Flasche füllen.

» Unser spezieller Tipp

Dillessig eignet sich hervorragend zur Zubereitung von Gurkensalat!

0,5 l Weißweinessig
2 TL bunte Pfefferkörner
1 TL Senfkörner
2 TL Zucker
1 frische Dilldolde oder 3 Dillzweige

Duftessig

Aus der Ingwerwurzel, den Koriander- und Pimentkörnern, der Zimtstange, den Muskatblüten und dem Anis ein Gewürzsäckchen herstellen. Anschließend in einem Topf mit dem Weißweinessig und dem Meersalz aufkochen und ca. 10 Minuten köcheln lassen.

Das Gewürzsäckchen nach dem Abkühlen herausnehmen, den Essig filtern, in die vorbereiteten Flaschen füllen und gut verschließen.

» Unser spezieller Tipp

Sie können den Duftessig sofort verwenden. Wenn Sie aber etwas Geduld aufbringen, so werden Sie merken, dass dieser Essig nach einiger Zeit noch aromatischer ist!

1 l Weißweinessig
30 g in Scheiben geschnittene Ingwerwurzel
1 TL Korianderkörner
1 TL Pimentkörner
1 Zimtstange
1/2 TL Muskatblüte (Macis)
1/2 TL Anis
1 TL Meersalz

Blütenessig

1 l Weißweinessig
1 Handvoll Blüten
1 Gewürznelke
1/2 Zimtstange

Die Blüten von den Stielen befreien und in ein Glas geben. Die Gewürznelke und die Zimtstange dazugeben und mit dem Weißweinessig übergießen. Das Glas gut verschließen und an einem sonnigen Platz ca. 2 Wochen ziehen lassen. Während dieser Zeit das Gefäß ab und zu schütteln. Den Essig danach durch ein dünnes Tuch in eine Flasche abseihen.

» Unser spezieller Tipp

Verwenden Sie je nach Jahreszeit Veilchen, Schlüsselblumen, Holunderblüten oder Kamille! Wir empfehlen, die Blütenarten nicht zu mischen.

Blütenessig harmoniert besonders mit Löwenzahn, Bärlauch, Vogerlsalat oder Spinat.

Apfel-Kräuter-Essig

0,75 l Apfelessig
2 Knoblauchzehen
2 Zweige Oregano
1 Zweig Basilikum
1 EL getrocknete Apfelschalen
1 TL Senfkörner
10 bunte Pfefferkörner

Die Knoblauchzehen, die Apfelschalen, den Oregano und das Basilikum mit den Senf- und Pfefferkörnern in eine Flasche geben. Danach mit dem Apfelessig auffüllen und mindestens 3 Wochen ziehen lassen.

» Unser spezieller Tipp

Geben Sie zusätzlich getrocknete Apfelringe zum Essig – sie unterstreichen den fruchtigen Geschmack!

Blütenessig (links) Apfel-Kräuter-Essig (rechts)

Erdbeeressig

0,5 l Apfelessig
200 g reife Erdbeeren
ev. einige kleine, feste Erdbeeren und/oder Basilikumblätter zur Dekoration

Die Erdbeeren waschen, trockentupfen, mit einer Gabel zerdrücken und in ein Schraubglas geben.

Den Apfelessig 1–2 Minuten sprudelnd kochen, auf ca. 40° C abkühlen lassen und über die Erdbeermasse gießen.

Das Glas gut verschließen und an einem warmen Ort ca. 2 Wochen stehen lassen, gelegentlich umrühren!

Den Essig anschließend abseihen und in eine Flasche füllen. Um einen noch intensiveren Geschmack zu erhalten, kann man kleine Erdbeeren und/oder Basilikumblätter auf einen Holzspieß stecken. Der Essig kann sofort verwendet werden!

» Unser spezieller Tipp

Die Erdbeeren lassen sich gut durch die gleiche Menge Brombeeren oder Ribiseln ersetzen!

Estragonessig mit Himbeeren

0,75 l Rotweinessig
15 Stück Himbeeren
5 Himbeerblätter
1 EL Zucker
1 TL schwarze Pfefferkörner
1 Zweig Estragon

Die Himbeeren waschen und entstielen, die Himbeerblätter und den Estragonzweig waschen, auf einer Küchenrolle gut abtropfen lassen und alles in Flaschen füllen. Den Rotweinessig mit dem Zucker und den Pfefferkörnern kurz kochen. Die Flaschen mit dem heißen Essigsud füllen und gut verschlossen 2 Wochen ziehen lassen, ehe Sie den Essig verwenden.

Krenessig

0,5 l milder Weißweinessig
40 g Kren
5 weiße Pfefferkörner
1/2 TL Senfkörner
3 Pimentkörner
1 kleines Stück Zimtstange
1/2 EL Meersalz

Den Kren schälen, in Scheiben schneiden und mit den Pfeffer-, Senf- und Pimentkörnern sowie der Zimtstange ein Gewürzsäckchen herstellen. Dieses gemeinsam mit dem Weißweinessig und dem Salz kurz aufkochen und 10 Minuten schwach köcheln lassen. Das Gewürzsäckchen nach dem Abkühlen herausnehmen, den Essig abseihen, in eine Flasche füllen und gut verschließen. Der Essig kann sofort verwendet werden.

» Unser spezieller Tipp

Roter Rübensalat mit Krenessig ist eine Spezialität, die großen Anklang findet.

Limettenessig

0,75 l Apfelessig
1 unbehandelte Limette
1 unbehandelte Orange

Die Limette und die Orange unter fließendem, heißem Wasser gründlich abbürsten und abtrocknen. Die Limette danach in Scheiben schneiden und vorhandene Kerne entfernen. Die Orange hauchdünn schälen, ohne die weiße Haut mit abzulösen.

Die Limettenscheiben und die Orangenschale in eine Flasche füllen und mit dem Apfelessig übergießen. Gut durchschütteln und ca. 2 Wochen an einem sonnigen Platz ziehen lassen. Den Essig danach abseihen, in eine saubere Flasche füllen und bis zum Verbrauch kühl aufbewahren.

Lorbeer-Essig

1 l Weißweinessig
3 Knoblauchzehen
6 Lorbeerblätter
3 TL Korianderkörner
2 getrocknete Chilischoten

Die Knoblauchzehen schälen und halbieren. Alle Zutaten miteinander vermengen und in Flaschen füllen. 2 Wochen gut verschlossen ziehen lassen. Den Essig danach abseihen und in saubere Flaschen füllen.

Majoranessig

375 ml Weißweinessig
1 Schalotte
1 Knoblauchzehe
8 Pfefferkörner
2 Zweige Majoran

Die Schalotte schälen, grob würfeln und mit den Pfefferkörnern, der grobgehackten Knoblauchzehe und dem Weißweinessig ein paar Minuten kochen und abseihen.

Majoran waschen und trockentupfen, in eine Flasche geben und mit der heißen Essigmischung übergießen. Die Flasche danach gut verschließen und bis zur Verwendung einige Tage ziehen lassen.

Orangenessig mit Zitronenmelisse

375 ml Rotweinessig
2 unbehandelte Orangen
2 EL Honig
1 Zweig Zitronenmelisse

Eine der Orangen unter fließendem, heißem Wasser gründlich abbürsten, abtrocknen und die Schale abreiben. Den Saft der beiden Orangen auspressen. Den Rotweinessig, den Orangensaft und den Honig unter ständigem Rühren aufkochen. Die abgeriebene Orangenschale beifügen. Die gewaschene und trockengetupfte Zitronenmelisse in eine Flasche geben und mit der heißen Essigmischung aufgießen.

Vor der Verwendung 10 Tage ziehen lassen.

Zitronenessig mit Estragon

0,75 l Weißweinessig
125 ml Sherry
1 Zitrone
1 Zweig Estragon

Die Zitrone auspressen. Den Weißweinessig, den Sherry und den Zitronensaft miteinander vermengen. Den Estragonzweig waschen, trockentupfen und in eine Flasche geben. Danach mit der Essigmischung auffüllen, verschließen und bis zur Verwendung 14 Tage ziehen lassen.

Himbeeressig

0,25 l Weinessig
0,25 l Weißwein
200 g Waldhimbeeren

Die Waldhimbeeren sorgfältig verlesen, aber nicht waschen. Die Früchte danach in ein verschließbares Glas geben und mit dem Weißwein sowie dem Weißweinessig übergießen. Die Himbeeren nach 1 Woche abseihen und den Himbeeressig leicht wallend 10 Minuten kochen lassen. In eine Flasche füllen und gut verschließen.

» Unser spezieller Tipp

Der Himbeeressig harmoniert besonders gut mit grünen Blattsalaten!

Rosenblütenessig

0,5 l Weißweinessig
4 ungespritzte, voll aufgeblühte, duftende Rosenblüten

Die Rosenblütenblätter ungewaschen in eine Flasche geben und mit dem Weißweinessig übergießen. Kräftig durchschütteln, gut verschließen und 2 Wochen an einen sonnigen Platz stellen. Während dieser Zeit die Flasche ab und zu gut schütteln. Den Rosenblütenessig danach durch einen feinen Filter abseihen und in eine saubere Flasche gießen.

Himbeeressig (links)
Rosenblütenessig (rechts)

Einlegen in Öl

Gemüse in Öl

Artischocken in Öl

0,5 l Öl von geröstetem Sesam
1,5 kg Babyartischocken
1 große Zitrone
1 unbehandelte große Zitrone
1 EL Salz
1 EL feingehackter Thymian

Die Schale der unbehandelten Zitrone reiben, beide Zitronen auspressen. Die ausgepressten Zitronenhälften zur Seite geben. Das Salz, den Zitronensaft und die Zitronenschale in einer großen Schüssel miteinander vermengen und das Salz unter Rühren auflösen. Die Stiele der Artischocken abschneiden und die Blätter entfernen. So weit stutzen, bis das Herz frei liegt. Sofort mit den ausgepressten Zitronenhälften abreiben, um ein Verfärben zu verhindern. Mit einem spitz zulaufenden Löffel das „Heu" herausschälen. Die Artischocken in die Schüssel mit der Zitronensaftmischung geben und 30 Minuten marinieren. Danach in das Glas schichten. Das Öl mit der Zitronenmarinade gut verrühren und das Glas damit auffüllen. Gut verschließen und 6–8 Wochen ziehen lassen, dabei gelegentlich schütteln!

Artischocken in Öl – Es wird nur der fleischige Artischockenboden verwendet!

Das Vorbereiten der Artischocken

Mit einem scharfen Messer den Stiel von den Artischocken abtrennen (so nah am Artischockenboden wie möglich)

Die Blätter abzupfen…

…und soweit entfernen, bis das Innere freigelegt ist. Das Innere gleich mit den Zitronenhälften einreiben, damit es nicht braun wird. Den Boden des Artischockenherzes glatt schneiden und alle harten Stellen entfernen. Die Schnittflächen wieder mit der Zitrone einreiben

Das „Heu" mit einem kleinen Löffel aus der Herzmitte herausschälen

Auberginen in Öl

0,5 l Olivenöl
1 kg Baby-Auberginen
70 g Pekannüsse
2 unbehandelte Zitronen
10 kleine Knoblauchzehen
1 TL Salz

Die Auberginen von den Stielansätzen befreien und ca. 5–7 Minuten dämpfen, bis sie knapp weich sind. Auskühlen lassen.

Die Pekannüsse in Hälften teilen, die Zitronen der Länge nach halbieren und in dünne Scheiben schneiden. Die Knoblauchzehen in hauchdünne Scheiben schneiden.

Jede Aubergine der Länge nach tief einschneiden und auseinanderziehen, Salz hineinstreuen und mit einer Nusshälfte, einer Zitronenscheibe und ein paar Knoblauchscheiben füllen. Mit Zahnstochern zustecken. Die Auberginen in die Gläser schichten, die restlichen Zitronen- und Knoblauchscheiben dazwischenstecken.

Olivenöl auf 80 ° C erhitzen und vorsichtig in das Glas gießen, bis die Auberginen bedeckt sind. Das Gefäß gut verschließen und die Auberginen vor der Verwendung 3–4 Wochen ziehen lassen!

Champignons in pikanter Marinade

7 EL Sonnenblumenöl
500 g sehr kleine Champignons
2 Knoblauchzehen
Schale von 1 unbehandelten Zitrone
2 EL Zitronensaft

Die Champignons putzen, waschen und gut abtropfen lassen. Die Knoblauchzehen schälen und in Scheiben schneiden. Das Sonnenblumenöl mit dem Zitronensaft, der Zitronenschale, dem Zucker, dem Salz, dem Lorbeerblatt, den Pfefferkörnern, den Knoblauchscheiben und der Petersilie unter Rühren erhitzen. Die Champignons zugeben und im zugedeckten Topf ca. 5 Minuten dünsten lassen. Dabei einige Male umrühren, damit sich die Marinade und die Champignons gut vermischen.

Champignons in pikanter Marinade (links) und Knoblauch-Chili in Öl (rechts)

Abkühlen lassen, in ein Glas füllen und gut verschließen! Im Kühlschrank halten sich die Champignons in pikanter Marinade höchstens 1 Woche!

1/2 TL Zucker
1/2 TL Salz
1 Lorbeerblatt
6 Pfefferkörner
2 EL gehackte Petersilie

» Unser spezieller Tipp

Champignons in pikanter Marinade sind eine originelle Beilage zu kalten Platten und Grillfleisch!

Knoblauch-Chili in Öl

0,25 l Olivenöl
0,5 l Wasser
125 ml Weißweinessig
4 frische Chilischoten
300 g Knoblauchzehen
1 Lorbeerblatt
1 Zweig Rosmarin
2 EL Salz
1 TL Zucker

Die geschälten Knoblauchzehen und die Chilischoten mit dem Wasser, dem Weißweinessig, dem Salz, dem Zucker und dem Lorbeerblatt 4 Minuten kochen und abseihen.

Die Knoblauchzehen und die Chilischoten mit dem Rosmarinzweig und dem Lorbeerblatt in ein Glas geben. Mit dem Olivenöl aufgießen und anschließend das Glas schütteln, damit alle Luftblasen entweichen können. Gut verschließen und kühl lagern!

» Unser spezieller Tipp

Keine Bedenken – das Erhitzen und Einlegen von Knoblauch und Chili in Öl nimmt viel von der Schärfe weg!

Knoblauch in Olivenöl

0,25 l Olivenöl
300 g Knoblauchzehen
1 TL Thymian
1 TL Oregano
1 TL Kreuzkümmel
1 l Wasser
1 EL Essig
1 EL Salz

Die geschälten Knoblauchzehen in Wasser, Salz und Essig 5 Minuten blanchieren. Die Knoblauchzehen abseihen, auf einem Tuch trocknen lassen und mit dem Thymian, dem Oregano und dem Kreuzkümmel in ein Glas schichten. Das Olivenöl darübergießen, das Glas anschließend schütteln, damit alle Luftblasen entweichen können. Gut verschließen und kühl lagern!

Ofengetrocknete Tomaten

Olivenöl zum Auffüllen des Glases
4 EL Olivenöl
1 kg Fleisch- oder Eiertomaten
2 EL Salz
1 EL Zucker
1 EL getrocknetes Basilikum
1 Zweig Rosmarin
2 Knoblauchzehen

Die Tomaten waschen, gut abtrocknen und halbieren. Mit der Schnittseite nach oben auf einen Rost über ein mit Alufolie ausgelegtes Backblech legen und mit dem Salz, dem Zucker sowie dem Basilikum bestreuen. Mit den 4 EL Olivenöl beträufeln. Das Backrohr auf 80° C vorheizen. Die Tomaten 8–12 Stunden trocknen, das Backrohr dabei einen Spalt breit offen lassen. Die Tomaten sollten trocken, aber noch biegsam sein.

Den Knoblauch schälen und in feine Scheiben schneiden. Die getrockneten Tomaten mit dem Rosmarin und den Knoblauchscheiben in ein Glas schichten und mit Olivenöl übergießen. Das Glas gut verschließen und die Tomaten vor dem Verzehr mindestens 2 Tage ziehen lassen!

Tomaten mit Frischkäsefülle

500 g Cocktailtomaten
200 g Kräuterfrischkäse
1 Knoblauchzehe
6 Blätter Basilikum
Salz
Pfeffer
200 ml Olivenöl

Die Tomaten waschen und die Deckel abschneiden. Das Fruchtfleisch mit einem Teelöffel herauslösen und die Tomaten innen mit Salz und Pfeffer würzen. Den Frischkäse mit einem Spritzbeutel in die Tomaten füllen. Den Knoblauch in feine Scheiben schneiden. Die gefüllten Tomaten in ein Glas geben. Den Knoblauch und die Basilikumblätter dazugeben und das Olivenöl darüber gießen, sodass alle Tomaten bedeckt sind. Das Glas verschließen und ca. 2 Tage im Kühlschrank ziehen lassen. Die Haltbarkeit beträgt 1 Woche.

» Unser spezieller Tipp

Der Kräuterfrischkäse kann durch Topfen oder Frischkäse von Schaf und Ziege ersetzt werden.

Bärlauchpesto

100 g Bärlauchblätter
100 g Mandeln
4 Knoblauchzehen
7 g Salz
100 ml Rapsöl

Die Mandeln blanchieren, schälen und fein reiben. Die Bärlauchblätter waschen und klein schneiden, die Knoblauchzehen schälen, hacken und mit den übrigen Zutaten pürieren. Die Masse in kleine Gläser füllen und verschließen.

Tomaten mit Frischkäsefüllung (links)
Bärlauchpesto (rechts)

Eingelegte Pfefferoni

Das Olivenöl mit dem Weißweinessig, dem Salz, den Pfefferkörnern und den geschälten Knoblauchzehen aufkochen. Die Pfefferoni waschen und in diesem Sud einmal kräftig aufkochen lassen, danach im Sud vollkommen auskühlen lassen. Die Pfefferoni mit einem Siebschöpfer herausnehmen und in ein Glas schichten. Das Essig-Öl-Gemisch noch einmal aufkochen und abkühlen lassen. Das Glas anschließend damit auffüllen und gut verschließen. Die Pfefferoni bis zur ersten Verwendung dunkel lagern und ein paar Wochen ziehen lassen!

0,25 l Olivenöl
0,25 l Weißweinessig
10 Pfefferoni
2 Knoblauchzehen
1 TL Salz
5 schwarze Pfefferkörner

Eingelegter Paprika mit Schafkäse

Die Paprika waschen, auf ein mit Öl bestrichenes Backblech legen und im vorgeheizten Backrohr bei ca. 200 °Celsius ca. 20 Minuten unter mehrmaligem Wenden braten. Der Paprika kann weiter verarbeitet werden, wenn die Haut Blasen wirft und sich dunkel verfärbt hat. Den heißen Paprika in einen Tiefkühlbeutel geben und abkühlen lassen. Den Paprika halbieren und Kerne und Stiel entfernen. Mit einem kleinen Messer die Haut vorsichtig abziehen. Den Schafkäse in 1–2 cm große Würfel schneiden.

Fortsetzung auf der nächsten Seite

Olivenöl zum Auffüllen der Gläser
3 rote Paprika
3 grüne Paprika
200 g Schafkäse
200 g Zwiebeln
2 rote Chilischoten
4 Knoblauchzehen
2 Zitronen

Eingelegte Pfefferoni (links)
Eingelegter Paprika mit Schafkäse (rechts)

Das Vorbereiten der Paprikas

Paprika waschen, auf ein mit Öl bestrichenes Backblech legen und im vorgeheizten Backrohr bei ca. 200 Grad Celsius ca. 20 Minuten unter mehrmaligem Wenden braten.

Der Paprika kann weiter verarbeitet werden, wenn die Haut Blasen wirft und sich dunkel verfärbt hat.

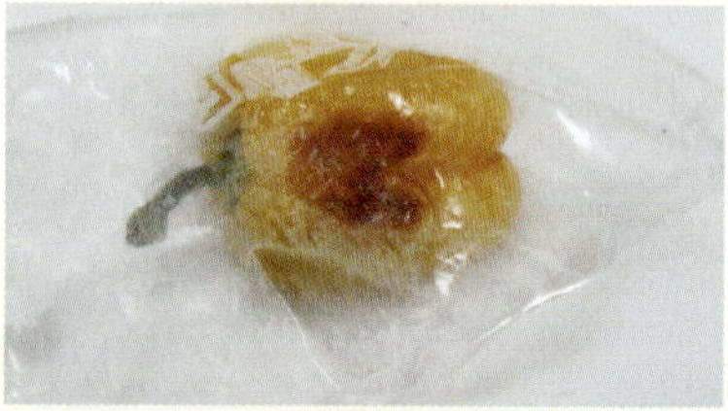

Den heißen Paprika in einen Tiefkühlbeutel geben und abkühlen lassen.

Den Paprika halbieren und Kerne und Stiel entfernen.

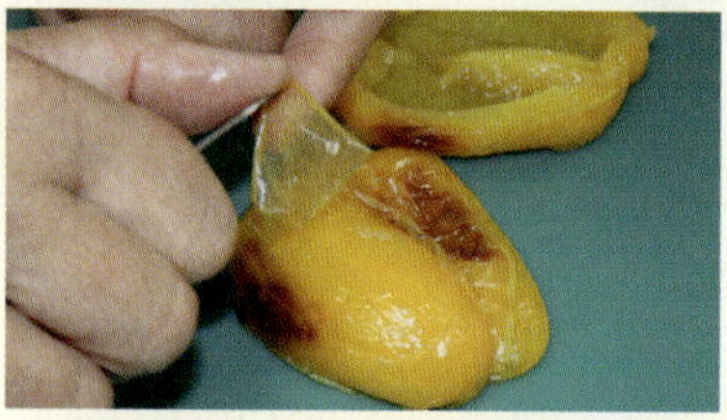

Mit einem kleinen Messer die Haut vorsichtig abziehen.

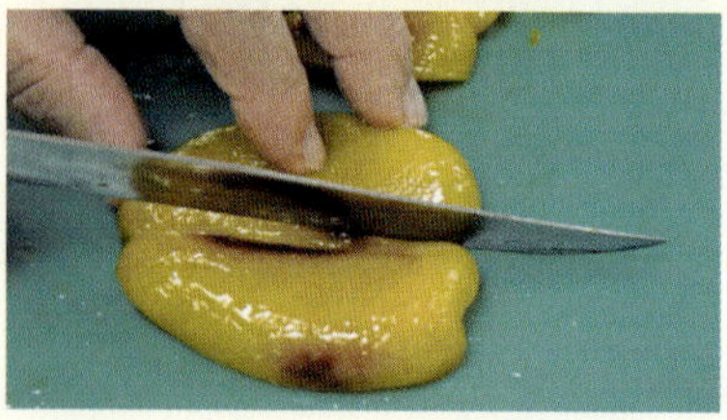

Die geschälten Paprikahälften weiterverarbeiten.

Die Zwiebeln und die Knoblauchzehen schälen und grob hacken. Die Chilischoten waschen und trockentupfen. Die Zitronen auspressen.
Die Paprika, den Schafkäse, die Zwiebeln, den Knoblauch und die Chilischoten dekorativ in Gläser schichten und mit dem Zitronensaft würzen. Danach mit dem Olivenöl aufgießen, gut verschließen und bis zum Verzehr im Kühlschrank lagern!

» Unser spezieller Tipp

Verwenden Sie die Paprika mit der Haut, falls sich diese schlecht abziehen lässt. Auf das Erhitzen sollten Sie jedoch keinesfalls verzichten, es wirkt sich sehr positiv auf den Geschmack aus.

Eingelegte Pilze

Den Weißweinessig mit dem Wasser, der geschälten Knoblauchzehe, dem Salz, den Pfefferkörnern und einem Thymianzweig bei schwacher Hitze kochen lassen. Nach einer 1/2 Stunde die Pilze dazugeben und noch 10 Minuten garen. Die Pilze mit einem Siebschöpfer herausnehmen und gut abtropfen lassen. Anschließend mit der Zitronenschale, dem Lorbeerblatt und dem zweiten Thymianzweig in ein Glas schichten.

Das Olivenöl in einem Topf auf 75° C erhitzen und die Pilze damit bedecken. Gut verschließen und vor der Verwendung ca. 2 Wochen ziehen lassen!

0,25 l Olivenöl
125 ml Weißweinessig
62,5 ml Wasser
200 g gemischte Pilze
1 Knoblauchzehe
1/2 TL Salz
3 schwarze Pfefferkörner
2 Zweige Thymian
1 Stück unbehandelte Zitronenschale
1 Lorbeerblatt

Die notwendigen Zutaten für dieses erstklassige Rezept – Pilzgenuss pur!

Käse in Öl

Mozzarella in Sojaöl

400 ml Sojaöl
500 g Mozzarella
3 Pfefferoni
3 Knoblauchzehen
1 EL schwarze Pfefferkörner
1 EL Senfkörner
2 Zweige Zitronenthymian
2 Zweige Rosmarin
Schale von einer 1/2 unbehandelten Zitrone

Den Mozzarella abtropfen lassen und in nussgroße Stücke schneiden. Die Pfefferoni waschen, die Kerne entfernen und in Ringe schneiden. Den Knoblauch schälen und in Scheiben schneiden.

Die gewaschenen und trockengetupften Kräuter mit dem Mozzarella, den Pfefferoniringen, den Knoblauchscheiben, der Zitronenschale und den Pfeffer- und Senfkörnern vorsichtig vermengen und in ein breites Glas füllen. Danach mit dem Sojaöl auffüllen, so dass alle Zutaten gut bedeckt sind. Das Glas gut verschließen und kühl und dunkel aufbewahren! Im Kühlschrank hält sich der Mozzarella in Sojaöl 1 Woche!

» Unser spezieller Tipp

Dieses Rezept schmeckt auch hervorragend mit Minimozzarella oder Ziegenkäse! Wenn Sie möchten, können Sie die Käsestücke vor dem Servieren mit etwas Balsamico beträufeln.

Ziegenkäse provenzalisch

0,5 l Olivenöl
500 g kleine Ziegenkäseballchen oder Ziegenkäsewürfel
3 kleine Zwiebeln
2 Knoblauchzehen
1 Chilischote
1 EL getrocknete Kräuter der Provence
1 TL Wacholderbeeren
1 TL schwarze Pfefferkörner

Die Knoblauchzehen schälen, die Zwiebeln schälen und vierteln. Die Chilischote waschen und in Stücke schneiden.

In ein großes Glas abwechselnd den Ziegenkäse, die Knoblauchzehen, die Zwiebelviertel, die Chilistücke und die Gewürze schichten. Mit dem Olivenöl auffüllen, bis alle Zutaten vollständig bedeckt sind. Das Glas gut verschließen und den Ziegenkäse vor dem Verzehr im Kühlschrank mindestens 2 Tage ziehen lassen! Im Kühlschrank hält sich diese Delikatesse etwa 2 Wochen.

» Unser spezieller Tipp

Versuchen Sie dieses Rezept auch mit Schafkäse!

Eingelegter Schafkäse

0,5 l Olivenöl
400 g Schafkäse
1/2 roter Paprika
1/2 gelber Paprika
1/2 grüner Paprika
3 Zweige Estragon
1 TL Kümmel
1 TL schwarze Pfefferkörner

Die Paprika waschen, trocknen, putzen und in Streifen schneiden. Die Hälfte der Pfefferkörner zerstoßen.

Das Olivenöl, die Paprikastreifen, den Kümmel, die ganzen und die zerstoßenen Pfefferkörner gut vermischen. Den Schafkäse in beliebig große Stücke schneiden, mit den Estragonzweigen in ein Glas schichten und mit der Olivenölmischung auffüllen, so dass alle Zutaten gut bedeckt sind. Gut verschließen und vor der Verwendung mindestens 1 Woche ziehen lassen! Im Kühlschrank aufbewahren!

Paulus im Glas

Die Zwiebeln und den Knoblauch schälen, die Zwiebeln in Ringe und den Knoblauch in kleine Stücke schneiden. Den Käse (im Ganzen) in das Glas geben und dazwischen die Senfkörner streuen.

Die Zwiebelringe, die Knoblauchstücke, die Pfefferkörner, den Dill und den Estragon im Glas verteilen und mit Sojaöl auffüllen, so dass alle Zutaten gut bedeckt sind. Das Glas gut verschließen und den eingelegten Käse vor der Verwendung ca. 1 Woche an einem kühlen Platz ziehen lassen!

Sojaöl (zum Auffüllen)
3 Stück Paulus (Schlierbacher Käse) oder 450 g anderen Rotschmierkäse
2 rote Zwiebeln
3 Knoblauchzehen
1 TL Senfkörner
1 TL weiße Pfefferkörner
1/2 TL getrockneter Dill
1/2 TL getrockneter Estragon

Bierkäse in Rapsöl

Den Bierkäse in größere Stücke schneiden und in ein breites Glas geben. Die gut abgetropften Pfefferoni, die Pfefferkörner, den Oregano, die Lorbeerblätter und die zerdrückten Wacholderbeeren dazugeben. Mit dem Rapsöl auffüllen. Anschließend das Glas schütteln, damit alle Luftblasen entweichen können. Gut verschließen und kühl lagern!

Rapsöl zum Auffüllen des Glases
400 g Bierkäse
4 eingelegte, rote Pfefferoni
1 TL grüne Pfefferkörner
1 TL schwarze Pfefferkörner
1 TL zerriebener Oregano
4 Wacholderbeeren
2 Lorbeerblätter

Paulus im Glas (links)
Bierkäse in Rapsöl (rechts)

Marinierter Schafkäse mit Speck

250 g schnittfester Schafkäse
50 g fein geschnittener Hamburgerspeck
2 grüne Pfefferoni
3 Knoblauchzehen
1 Zweig Pfefferminze
1 Zweig Rosmarin
3 weiße Pfefferkörner
300 ml Olivenöl

Den Schafkäse in 2 cm große Würfel schneiden und mit Speckstreifen umwickeln. Die Pfefferoni waschen, entkernen und in Ringe schneiden. Den Knoblauch schälen und feinblättrig schneiden. Die umwickelten Käsewürfel, den Pfefferoni, den Knoblauch, die abgerebelten Kräuter und die Pfefferkörner in ein Glas geben. Mit Olivenöl auffüllen und verschließen. Diese Delikatesse ist zum baldigen Verzehr bestimmt.

Camembert im Glas

Sonnenblumenöl zum Auffüllen des Glases
150 g Camembert
1 rote Zwiebel
1 frischer roter Pfefferoni
1 TL bunte Pfefferkörner
1 TL Senfkörner

Den Camembert teilen und in ein Glas geben. Die Zwiebel schälen und in Ringe schneiden. Die Zwiebelringe mit dem Pfefferoni, den Pfeffer- und den Senfkörnern dekorativ in das Glas schichten. Mit dem Sonnenblumenöl aufgießen, gut verschließen und im Kühlschrank aufbewahren.

Camembert im Glas (links) und Marinierter Schafkäse mit Speck (rechts)

Fische in Öl

Meeresfrüchte in Öl

Die unbehandelte Zitrone waschen, in dünne Schnitze teilen, mit dem Esslöffel Salz vermengen und 1 Stunde ziehen lassen.

Die Fenchelknolle waschen, eventuelle braune Teile entfernen und danach dünn schneiden. Aus der Zitronen- oder Orangenschale, einem Lorbeerblatt, den Pfefferkörnern und den Fenchelsamen ein Gewürzsäckchen herstellen. Den Weißwein mit dem Wasser, dem Weißweinessig, den Fenchelscheiben, 2 TL Salz und dem Gewürzsäckchen aufkochen und ca. 20 Minuten bei schwacher Hitze kochen lassen. Die Kalmare hineingeben und so lange kochen, bis sie beginnen weich zu werden, das dauert ca. 20 Minuten. Anschließend die Jakobsmuscheln zugeben, weitere 5 Minuten kochen. Die Meeresfrüchte und die Fenchelscheiben mit einem Siebschöpfer herausheben und in einem Sieb gut abtropfen lassen.

Die noch warmen Meeresfrüchte und Fenchelscheiben mit den Zitronenschnitzen, den Chilischoten, den Rosmarinzweigen und dem zweiten Lorbeerblatt in ein Glas schichten. Das Olivenöl auf 60° C erhitzen und das Glas damit auffüllen. Alle Zutaten müssen vom Öl gut bedeckt sein!

Das Gefäß gut verschließen und die eingelegten Meeresfrüchte im Kühlschrank ziehen lassen.

» Unser spezieller Tipp

Die Meeresfrüchte in Öl können Sie auch gleich genießen.

0,5 l Olivenöl
0,25 l trockener Weißwein
0,25 l Weißweinessig
0,25 l Wasser
2 TL Salz
150 g Kalmare
100 g Jakobsmuscheln
1 kleine Fenchelknolle
1 unbehandelte Zitrone
2–3 Stück unbehandelte Zitronen- oder Orangenschale
1 EL Salz
1 TL schwarze Pfefferkörner
1 TL Fenchelsamen
2 getrocknete rote Chilischoten
2 Zweige Rosmarin
2 Lorbeerblätter

Meeresfrüchte in Öl – eine feine Delikatesse

Angesetzte Öle

Chili-Öl

0,5 l Sonnenblumen- oder Sojaöl
6 getrocknete, rote Chilischoten
1 TL Fenchelsamen

Die Chilischoten waschen, trockentupfen und mit den Fenchelsamen in eine Flasche geben. Mit dem Sonnenblumen- oder Sojaöl auffüllen, gut verschließen und an einem dunklen, kühlen Platz aufbewahren! Vor der Verwendung zunächst 2–3 Wochen ziehen lassen, dann abseihen und in eine saubere Flasche füllen.

Dill-Wacholder-Öl

0,75 l Sonnenblumenöl
1 EL Wacholderbeeren
1 EL getrockneter Dill

Den Dill und die Wacholderbeeren in eine Flasche geben und diese mit dem Sonnenblumenöl auffüllen. Gut verschließen und kühl aufbewahren!

Grillöl

0,75 l Rapsöl
2 EL edelsüßer Paprika
2 TL weißer Pfeffer
1 TL Currypulver
1 Prise Cayennepfeffer

Das Paprikapulver, den Pfeffer, das Currypulver und den Cayennepfeffer mit 6 EL Rapsöl gut vermischen und in eine Flasche füllen. Das restliche Rapsöl nach und nach dazugießen und die Flasche dabei gelegentlich schütteln. Gut verschließen und vor der Verwendung mindestens 2 Wochen ziehen lassen!

» Unser spezieller Tipp

Mit diesem Öl werden Sie in der Grillsaison jede Menge Komplimente für Ihre Grillkunst erhalten – das Öl eignet sich ausgezeichnet zum Marinieren von Grillfleisch, aber auch das ganze Jahr über zum Würzen von Schweinefleisch!

Feurige Chilischoten geben vielen eingelegten Köstlichkeiten einen besonderen Pfiff

Lavendelöl

Den Lavendel und das Salbeiblatt an einem luftigen Ort 2–3 Tage trocknen. Danach in eine Flasche geben und mit dem Rapsöl übergießen. Gut verschließen und kühl lagern!

375 ml Rapsöl

1 getrocknetes Salbeiblatt

1 Zweig getrockneter Lavendel

Lavendel-Melissen-Öl

Den getrockneten Lavendel und die Zitronenmelissenblätter in eine Flasche geben und mit dem Maiskeimöl auffüllen. Gut verschließen und an einem dunklen, kühlen Platz aufbewahren. Vor der Verwendung 2 Wochen ziehen lassen, abseihen und in eine saubere Flasche füllen.

375 ml Maiskeimöl

2 große Zweige getrockneter Lavendel

15 getrocknete Zitronenmelissenblätter

Lavendelöl

Lorbeeröl

0,75 l Olivenöl
5 schwarze Pfefferkörner
5 Lorbeerblätter

Die getrockneten Lorbeerblätter und die Pfefferkörner in Flaschen geben und mit dem Olivenöl auffüllen. Gut verschließen und an einem kühlen Ort aufbewahren!

» Unser spezieller Tipp

Verwenden Sie dieses Öl für Kartoffel- oder Linsensalate!

Limetten-Öl

0,5 l Sonnenblumenöl oder sehr helles Olivenöl
2 unbehandelte Limetten (eventuell unbehandelte Zitronen)

Die Limetten heiß waschen, gut abtrocknen und möglichst dünn (ohne die weiße Innenhaut!) spiralförmig schälen. In eine Flasche geben und mit dem Öl auffüllen. Das Gefäß gut verschließen und kühl lagern!

Limetten-Öl (links)
Steinpilzöl (rechts)

Provenzalisches Kräuteröl

Die Knoblauchzehen schälen, zerdrücken und mit den Kräutern der Provence in eine Flasche geben. Mit dem Olivenöl auffüllen, verschließen und mindestens eine Woche ziehen lassen! Das Öl danach abseihen und in eine saubere Flasche füllen. Gut verschließen und kühl aufbewahren!

0,5 l kaltgepresstes Olivenöl
2 Knoblauchzehen
2 EL getrocknete Kräuter der Provence

Rosmarinöl

Die getrockneten Rosmarinzweige und die Chilischote in eine Flasche geben und mit dem Olivenöl auffüllen. Gut verschließen und 2–3 Wochen kühl stellen. Das Öl danach abseihen, in saubere Flaschen füllen und kühl aufbewahren.

0,75 l helles Olivenöl
1 rote Chilischote
2 getrocknete Rosmarinzweige

Salbeiöl

Die Salbeiblätter, die Chilischote und das Lorbeerblatt in eine Flasche geben und mit dem Maiskeimöl auffüllen. Gut durchschütteln und kühl aufbewahren. Vor der Verwendung 2 Wochen ziehen lassen, abseihen und in eine saubere Flasche füllen.

0,75 l Maiskeimöl
1 Lorbeerblatt
1 Chilischote
10 getrocknete Salbeiblätter

» Unser spezieller Tipp

Möchten Sie das Salbeiöl zum Anbraten von Fleisch (z. B. für Saltimbocca) verwenden, ersetzen Sie das Maiskeimöl durch Rapsöl!

Steinpilzöl

Die getrockneten Steinpilze kurz mit heißem Wasser abspülen, gut abtropfen lassen und gründlich trocknen. Die Pilze und den Thymian- oder Kerbelzweig in eine Flasche mit breiter Einfüllöffnung geben. Mit dem Rapsöl auffüllen und gut verschließen! An einem dunklen, kühlen Platz aufbewahren und vor der Verwendung 2–3 Wochen ziehen lassen!

0,5 l Rapsöl
20 g getrocknete Steinpilze
1 kleiner Zweig getrockneter Thymian oder Kerbel

» Unser spezieller Tipp

Verwenden Sie Steinpilzöl zum Marinieren von Blatt- und Kartoffelsalaten oder zum Marinieren und Braten von zarten Fleischstücken!

Wok-Öl

Die Knoblauchzehen und den Ingwer schälen und in Scheiben schneiden. Den Knoblauch, den Ingwer und die Koriandersamen in eine Flasche geben und mit den Ölen auffüllen. 3 Wochen ziehen lassen und abseihen.

400 ml Rapsöl
100 ml Sesamöl
3 Knoblauchzehen
2 cm frischer Ingwer
1 TL Koriandersamen

Würziges Paprikaöl

0,5 l Sonnenblumenöl
125 ml Rotweinessig
1 roter Paprika
3 Knoblauchzehen
1 TL grüne Pfefferkörner
1 getrockneter Rosmarinzweig

Den roten Paprika waschen, halbieren, entkernen und in 2 x 2 cm große Stücke schneiden. Die Knoblauchzehen schälen und halbieren. Auf einen Holzspieß abwechselnd die Paprika- und Knoblauchstücke locker stecken.

Den Rotweinessig erhitzen und darin den Rosmarinzweig und die Pfefferkörner 5 Minuten ziehen lassen. Die Gewürze herausnehmen und gut abtropfen lassen.

Den Paprika-Knoblauch-Spieß, den Rosmarinzweig und die Pfefferkörner in ein hohes Glas oder eine Flasche mit breiter Einfüllöffnung geben. Mit dem Sonnenblumenöl auffüllen, gut verschließen und vor der Verwendung ca. 1 Woche ziehen lassen!

›› Unser spezieller Tipp

Sie können das würzige Paprikaöl auch mit Olivenöl und roten Pfefferkörnern zubereiten. Es ist in jedem Fall ideal zum Marinieren von Fleisch.

Zimtöl

0,5 l Erdnussöl
1 unbehandelte Zitrone
2 Zimtstangen

Die unbehandelte Zitrone waschen, abtrocknen und dünn schälen. Die Zimtstangen und die Zitronenschale in eine Flasche geben und mit dem Erdnussöl auffüllen. Das Gefäß gut verschließen und kühl lagern!

Würzöl

0,75 l Olivenöl
1 TL weiße Pfefferkörner
5 Pimentkörner
2 Gewürznelken
1 Lorbeerblatt
1 getrockneter Rosmarinzweig
2 getrocknete Thymianzweige

Die getrockneten Kräuter, die Pfeffer- und die Pimentkörner, das Lorbeerblatt und die Gewürznelken in eine Flasche geben und mit dem Olivenöl auffüllen. Gut verschließen und an einem kühlen Ort aufbewahren!

Einlegen in Zucker

Gemüse in Zucker

Schalotten in Sirup

1 kg Einmachzucker
1,5 l Weißweinessig
1,3 kg Schalotten
150 g Salz
3 Streifen von 1 unbehandelte Zitronenschale
1 EL Kümmel
1 EL Gewürznelken
1/2 getrocknete Chilischote
2 Zimtstangen
4 Kardamomkapseln

Die Schalotten schälen und einige Minuten in kochendem Wasser blanchieren. Um zu vermeiden, dass die Schalotten auseinanderfallen, darauf achten, dass das Wurzelende nicht angeschnitten wird. Kaltes Wasser in eine große Schüssel geben, das Salz darin auflösen und die Schalotten einlegen. Danach beschweren und 24 Stunden ziehen lassen.

Anschließend aus den Zitronenschalen, dem Kümmel, den Gewürznelken, den Zimtstangen, den Kardamomkapseln und der Chilischote ein Gewürzsäckchen herstellen.

Den Weißweinessig mit dem Einmachzucker und dem Gewürzsäckchen aufkochen und 10 Minuten kochen – dabei ab und zu umrühren. Danach das Gewürzsäckchen entfernen.

Die Schalotten abseihen, unter fließendem, kaltem Wasser abspülen und gut abtropfen lassen. Vorsichtig in den kochenden Sirup einlegen, kurz aufkochen lassen und bei sehr schwacher Hitze 15 Minuten köcheln lassen. Vom Herd nehmen und über Nacht ziehen lassen.

Am nächsten Tag langsam aufkochen und bei schwacher Hitze wiederum 15 Minuten köcheln lassen. Vom Herd nehmen und wieder über Nacht ziehen lassen.

Am nächsten Tag noch einmal aufkochen und bei sehr schwacher Hitze 2 Stunden köcheln lassen, bis die Schalotten durchsichtig und goldbraun sind.

Die Schalotten vorsichtig herausheben und in die vorbereiteten Gläser schichten. Den Sirup ca. 5 Minuten sprudelnd kochen und die Gläser damit auffüllen. Gut verschließen! Sie können die Schalotten in Sirup sofort genießen, durch längeres Lagern werden sie noch besser!

» Unser spezieller Tipp

Zugegeben, das Rezept gehört nicht zur „Schnellen Küche“, dafür wird Ihre Mühe belohnt, indem Sie eine raffinierte, nicht alltägliche Beilage zu Wild und zu Lamm servieren können!

Auberginen in Sirup

1 kg Einmachzucker
1 kg Baby-Auberginen
Saft von 3 großen Zitronen
Schale von 1 unbehandelten Zitrone
75 g Ingwerwurzel
4 EL Salz
6 Gewürznelken
2 Zimtstangen

Die unbehandelte Zitrone waschen, abtrocknen, schälen und die Schale in Streifen schneiden. Die Ingwerwurzel putzen und fein raspeln.

Die Auberginen so putzen, dass der grüne Blattring um den Stielansatz entfernt wird, den Stiel aber nicht abschneiden. Danach jede Frucht mehrmals anstechen, in eine große Glasschüssel geben, mit dem Salz vermengen und zugedeckt einige Stunden ziehen lassen. Danach unter fließendem, kaltem Wasser gründlich abspülen.

Wasser in einem Topf aufkochen, die Auberginen einlegen, nochmals aufkochen und 5 Minuten köcheln lassen. Das Gemüse herausnehmen und gut abtropfen lassen.

Den Einmachzucker mit dem Zitronensaft aufkochen und unter Rühren auflösen. Die Zitronenschale, den Ingwer, die Gewürznelken und die Zimtstangen dazugeben und 5 Minuten kochen. Danach die Auberginen in den kochenden Sirup einlegen und so lange köcheln lassen, bis nur mehr die Hälfte des Sirups vorhanden ist. Die Auberginen sehen dann durchsichtig aus. Dabei ist es wichtig, gelegentlich umzurühren. Die Auberginen vorsichtig aus dem Sirup heben und in die vorbereiteten Gläser geben. Den Sirup nochmals aufkochen und in die Gläser füllen. Gut verschließen! Sie können die Auberginen in Sirup sofort genießen, durch längeres Lagern werden sie aber noch delikater!

» Unser spezieller Tipp

Erscheint Ihnen die Kombination der Zutaten ungewöhnlich? Wagen Sie sich trotzdem an das Rezept – diese marokkanische Süßigkeit wird mit dem Löffel zu heißem Tee oder Kaffee gegessen!

Früchte in Zucker

Pfefferäpfel mit Erdbeeren

750 g Einmachzucker
1 l Wasser
2 kg Äpfel (nicht zu säuerlich)
1 kg Erdbeeren
Saft und Schale von 1 unbehandelten Orange
Saft von 1 Zitrone
etwas kaltes Wasser
1 Stück gezuckerter Ingwer
2 EL grüne Pfefferkörner

Die Äpfel waschen, schälen, halbieren und das Kerngehäuse entfernen. Die Apfelhälften in 1,5 cm dicke Scheiben schneiden. Aus dem Zitronensaft und etwas kaltem Wasser Zitronenwasser herstellen und die Apfelscheiben einlegen – diese müssen vollständig mit Flüssigkeit bedeckt sein, um ein Braunwerden zu verhindern.

Den Einmachzucker mit 1 l Wasser aufkochen, die Orangenschale in Stücke schneiden, beigeben und kochen, bis sich der Einmachzucker vollständig gelöst hat. Nun den Orangensaft, die Pfefferkörner und den gezuckerten Ingwer unterrühren.

Die Apfelscheiben aus dem Zitronenwasser nehmen und in den Sud einlegen. Sie sollen nur kurz dünsten, da sie fest bleiben sollten. Das Obst danach aus dem Sud nehmen und abtropfen lassen. Die Erdbeeren vorsichtig waschen, entstielen und abwechselnd mit den Apfelscheiben in die Gläser schichten.

Den Ingwer und die Orangenschale aus dem Sud entfernen und diesen mit den Pfefferkörnern leicht abkühlen lassen, danach die Gläser damit auffüllen. Gut verschließen und kühl lagern!

» Unser spezieller Tipp

Die Pfefferäpfel mit Erdbeeren sind zum baldigen Verzehr bestimmt!

Pfefferäpfel mit Erdbeeren – süß und schmackhaft

Rezeptregister

I

J

K

L

M

N

O

P

Q

R

AUS UNSEREM PROGRAMM:

ISBN 978-3-7020-0789-8

Marianne Obermair /
Romana Schneider

HALTBARMACHEN

Gemüse – Kräuter – Pilze

2. Auflage, *144 Seiten, zahlreiche farbige Abbildungen, griffester Umschlag, brosch.*

Von Großmutters Zeiten bis heute: Dieses Buch mit seiner Vielzahl von alten und neuen Rezepten gibt umfassend darüber Auskunft, wie Gemüse, Kräuter und Pilze haltbar gemacht werden können. Es beschreibt u.a. das Einfrieren, Einkochen, Einlegen in Essig, Öl oder Salz, das Einsäuern (z.B. Sauerkraut), das Trocknen (von Kräutern und Pilzen), das Mahlen (von Pilzen und Paprika) sowie das Herstellen von Pasten, Chutneys, Gemüsemarmeladen, Würzölen und -mischungen bis hin zum Einwintern von Frisch- und Wurzelgemüse. Darüber hinaus bringt es noch viele Tips für bäuerliche Direktvermarkter. Pflichtlektüre für Hausfrauen und -männer, Gartenbesitzer, Pilzsucher und alle, die Wert auf gesunde oder ausgefallene Nahrung legen.

ISBN 978-3-7020-0821-5

Marianne Obermair /
Romana Schneider

OBST HALTBAR MACHEN

Einkochen, einlegen, trocknen usw.

160 Seiten, zahlreiche Farbabbildungen, brosch.

Der Trend geht deutlich zum Selbstgemachten! Da weiß man wenigstens, was man wirklich ißt – und darüber hinaus bietet die unerschöpfliche Vielfalt der Rezepte und individuellen Möglichkeiten stets neue „Gustostückerln"!

Dieses Buch beschreibt alle Methoden, Obst haltbar zu machen!

Aus dem Inhalt:

- Einfrieren
- Sterilisieren – Kompottherstellung
- Heißeinfüllen von Früchten
- Trocknen – Dörren – Darren
- Obstsäfte und -sirupe
- Konfitüren, Marmeladen und Gelees
- Obstmus
- Obstkäse bzw. -pasten
- Obströster
- Kandiertes und glasiertes Obst
- Chutneys
- Süß-sauer eingelegtes Obst
- Obst in Alkohol
- Fruchtliköre und Ansatzschnäpse
- Fruchtaromaessige
- Frischlagerung von Obst

Bestellen Sie unverbindlich und kostenlos unser Gesamtverzeichnis:
A-8011 Graz • Hofgasse 5 • Postfach 438 • Telefon (0 316) 82 16 36